与当代艺术家的对话

与当代艺术家
的　对　话

——中国画的生成

叶维廉　著

南京大学出版社

图书在版编目(CIP)数据

与当代艺术家的对话:中国画的生成 / 叶维廉著.

—南京:南京大学出版社,2011.5

ISBN 978-7-305-06929-1

Ⅰ.①与… Ⅱ.①叶… Ⅲ.①艺术家—访谈录
—中国—现代 Ⅳ.①K825.7

中国版本图书馆 CIP 数据核字(2010)第 064030 号

出版发行　南京大学出版社
社　　　址　南京市汉口路22号　　　邮编 210093
网　　　址　http://www.NjupCo.com
出 版 人　左　健
书　　　名　与当代艺术家的对话:中国画的生成
著　　者　叶维廉
责任编辑　李雪梅
照　　排　南京紫藤制版印务中心
印　　刷　江苏凤凰扬州鑫华印刷有限公司
开　　本　889×1194　1/24　印张　14.5　　字数 192 千
版　　次　2011 年 6 月第 1 版　2011 年 6 月第 1 次印刷
ISBN　978-7-305-06929-1
定　　价　48.00 元

发行热线　025-83594756
电子邮箱　Press@NjupCo.com
Sales@NjupCo.com(市场部)

前　言

　　这一系列文字的构想，可以溯源到十年前左右和几位现代中国画家偶然的谈话。他们说：中国现代画发展了这些年，已经有了确切的个人面貌与风格，对西方和传统的糅合问题做过一番思索，但一直都没有一本类似中国现代画史的书，来把发展的来龙去脉、美学理论据点与根源、各家风格的生成衍化以及社会文化环境等做一个评价与论定。这样一本书，如果是图文并茂的，不但可以给入门的年轻画家做一个借镜或做一个反省；这一本书说不定还可以出英文本，让世界人知道在现代化的进程中，在中国特有的历史时空下，产生了什么样不同面貌的现代艺术，和扮演了什么样的一个角色。

　　但这样一本书谈何容易。第一，这个人最好是读比较艺术史而对现代各前卫艺术有所专长的。第二，这个人应该经常进出于展览场所，和这些画家保持着一种诤友的密切关系，而且要十年如一日地把画家们的言论，展出后的评论与争辩，他们衍变的过程，有时还包括个人冲突，都要一一记下。第三，更难的是，有许多画家的成熟作品竟完成在外国居住的时期，分散在欧洲、美国、亚洲各地。要紧紧地追踪，他要非常勤恳；如果无法在现场亲睹，他便要时常去信，取得最详尽的记录。当然还有许多别的条件。但就以上三点，我就无法及格，当然是想也不敢想。我不是一个专门研究艺术的，我只是一个爱好画的朋友，所以我当时说：这是个重大重要的工作，应该有人做，那不是我；但我可以做这本书撰写人的"先头部队"，开发一些资料给后来撰写该书的人用。那便是用对谈的方式，通过当事人的口述，把当时的历史情况和他们对艺术的看法引发出来，这样有一个好处，"五月"可以谈"五月"的，"东方"可以谈"东方"的……不会被史笔一下子厚此薄彼地割切。

这话说完了，有好几个人赞成，包括庄喆、吴昊、刘国松等。但人事的迁移，我个人教书、写文的种种变动，就把这个计划抛到九霄云外。画，我继续地看，平日也喜欢评评点点的，大家都是朋友，也没有什么顾忌，但始终没有认真地把它们写下来。

一九八一年，为了王无邪在台湾的首次大展，为了刘国松的一次画展，两人都找上我来，要我写文章。我那时在香港中文大学当英文系的客座讲座教授，忙得焦头烂额，哪有空坐下来写这种历史性的画评画论呢。折衷的办法，便是对谈了。如此竟开始了我十年前的建议。跟着我便和其他几位画家联络上，包括亲身到巴黎去和赵无极、陈建中对谈，这样做了好几次，弄下来便是这本书的结果。

这些"对谈"之得以完成，得力于慈美的鼓励和《艺术家》的编者何政广的推动。本书的文字，除和王无邪的对谈原刊于《民生报》之外，全部曾刊登于《艺术家》杂志。这本原属于艺术家出版社计划的书，得政广兄同意让我另行在三民书局叶维廉专书系列下出版，在此要特别致谢。另外要致谢的，是书中的九位画家的合作。

这本书由对谈到见诸文字，在抄录过程中帮忙最多的是慈美。而且一路上给了我很多她本行（艺术史）的意见，使得我没有漏掉一些重要的观点。这本书献给她是理所当然的。

一九八六年于台北

目 录

返虚入浑，积健为雄
　　——与赵无极谈他的抽象画　　001

物眼呈千意，意眼入万真
　　——与陈其宽谈他画中的摄景　　035

予欲无言
　　——萧勤对空无的冥思　　073

王无邪画中的传统与现代的交汇与蜕变　　117

恍惚见形象，纵横是天机
　　——与庄喆谈画象之生成　　145

与虚实推移，与素材布奕
　　——刘国松的抽象水墨画　　187

向民间艺术吸取中国的现代
　　——与吴昊印证他刻印的画景　　233

意识识物物识意
　　——与何怀硕谈造境　　261

投入日常事物庄严的存在里
　　——与陈建中谈物象的显现　　307

返虚入浑，积健为雄

——与赵无极谈他的抽象画

资料篇

生 平 纪 要

1921　生于北京。赵家旋即移居上海附近。赵无极在此完成小学及初中教育。

　　　赵家为宋朝名门之后,家中藏有米芾和赵孟頫真迹二幅,赵无极从小即经常阅赏,他对
　　　米芾尤为喜爱。

1931　十岁开始画画,并得执业为银行家的父亲大力鼓励。他的叔叔并经常由巴黎带回复制名
　　　画的明信片,使他很早便认识到欧洲绘画的状况。

1935　十四岁入杭州艺专,受了六年学院的训练,包括油画、国画、书法。国画学的是明清手法,
　　　油画则是布鲁塞尔皇家学院力求准确的素描工夫。他个人则希望"重新发现画中客观的
　　　统一性",他认为学院式的绘画远离了现实的真相,它们是一种"虚假的悲剧"。他觉得他
　　　应该从别的方向去寻求重现真实的世界。

1941　他毕业的最后一年在迁都的重庆,被邀请留校任教,并举行他第一次画展。赵无极后来
　　　回顾说"那些画,坦白说,受了马蒂斯和毕加索很大的影响",他并说,当时他觉得塞尚、
　　　马蒂斯、毕加索的画最接近自然。(他当时收到的明信片和杂志上看到的画,包括有雷诺
　　　阿、莫迪里亚尼、塞尚、马蒂斯、毕加索。)他并说,他觉得塞尚与马蒂斯的画最接近他自
　　　己的气质。

1946　光复第一年。赵无极重回杭州艺专。回去前在重庆与林风眠、关良、丁衍庸等一同
　　　展出。

1947　出国前在上海个展。

1948　2月26日与妻乘船往法国, 到巴黎的第一日, 下午便到卢浮宫看画。后来定居在

Moulin-Vert 路,与意大利名雕塑家贾柯梅蒂(Giacometti)为邻。他说,他当时选择了巴黎,是因为他喜爱印象派的画。1946 至 1948 年间的巴黎是很重要的三年,不少重要的画家都到了巴黎。Sam Francis 和 Norman Blum 来自纽约;Jean Riopelle 来自加拿大;Pierre Soulages 由 Rodez 北上;Hans Hartung 和 Nicolas de Stael 也来了,都在 Nina Dausset 画廊展出。

1949　他获得素描首奖。开始学石印方法。5 月在巴黎的 Creuze 画廊第一次展出。国立现代美术馆馆长的序文有如下一段评语:"中国的本质,带有法国与现代的一些层面,赵无极的画很成功地创造了可喜的综合。"

1950　1950 年 1 月 4 日名现代诗人亨利·米修(Henri Michaux)带彼尔·洛尔(Pierre Loeb)(展出毕加索、米罗等人的画廊主持人)来看赵无极的画。他看完没有说什么,三个月后再来看他,并和他订了合同,买了他十二张画。赵无极和彼尔合作至 1957 年。同年并替亨利·米修的八首诗插画。从此,赵米二人变成莫逆之交。同年他首次参与五月画廊的展出,并从此每年都参与。

1951　1951 年趁着在瑞士的两个展览而首次游瑞士并在该地的博物馆发现了保罗·克利。他觉得克利的内在世界非常接近他的感性。克利后期受东方启发用近似书法符号的画曾唤起他原有的中国的表现方法。

1952　1951 到 1952 年间,赵无极画得不多。6 月游意大利,到托斯卡尼、罗马、庞贝、那不勒斯和伊斯基亚。在这些旅程中,他发现透视不断变化的空间,正可和中国传统画的情形接合。次年他游西班牙,并开始在巴黎的皮埃尔画廊,美国华盛顿、芝加哥,纽约的画廊,瑞士巴塞尔和洛桑的画廊及伦敦的画廊展出。米修为他在纽约的画展写的序中说:"藏中带显,或断直线而使之颤栗,或沿小径的转折迂回追迹,或梦的一些游离漂荡,这些都是赵无极喜于呈现的;然后,突然,带有中国乡村郊野的欢快,他的画,在一园的符号里,快乐地颤动着……"

1953　1976 年,赵无极回顾这个时期的画曾说:"我的画变得难以辨认。静物画,花朵已经看不见。我走向一种想象的、不可解的书写。"有一年半的时间,一张画都没有卖出去。

1954　11 月 22 日在美国辛辛那提博物馆的一次展出中,艺评家 Alain Jouffroy 这样写道:"赵无极的作品清楚地让我们看到中国对宇宙的灵视,那种溶雾入远方的境界不是要反映冥思的对象,而是要反映冥思的精神状态。他的画变成一种现代的、复是世界共同的灵视。像保罗·克利、马克·托悲(Mark Tobey)和亨利·米修三个风格完全不同的画家都和这个灵视互通着消息。"

1955　认识音乐家 Edgar Varése，并成莫逆之交。

1957　在纽约认识 Franz Kline、Conrad Marca –Relli、Guston、Philip、Gottieb、Baziotes、Steinberg、J. Brooks 和 Hans Hoffman，并觉得这些画家比欧洲的绘画来得自动自发。他继续西行到三藩市，然后到东京、京都、奈良，并开始了后来在日本经常的展出。

1958　他在香港停留了六个月，并曾在新亚书院讲述现代画的生变。认识陈美琴并于同年结合（他的第二任妻子）。美国画廊的 Samnel Kottz 开始为他安排在纽约每年展出，从此，他的画经常在纽约展出，直至 1967 年 Kottz 的画廊关闭为止，而他亦每年都到纽约去。差不多这个时候，他的画被称为"抒情的抽象"。

1962　法国文化部长、小说家马尔罗（André Malraux）请他制石印画做插图。由马尔罗的推荐，在 1964 年，成为法国公民。在 1965 至 1975 年间，赵无极先后为兰波（Rimbaud）、圣琼·佩斯（St. John Perse）、杭内·沙（René Char）、尚·瑞斯克于（Jean Lescure）、尚·罗德（Jean Laude）和凯尔罗（Roger Caillois）等人的诗插画。他的第二任太太美琴的健康开始转坏，对他的工作有了影响。

1964　赵无极画了一张大画献给他的友人 Varèse。次年 Varèse 逝世。同年他在美国认识名建筑师贝聿铭，并成为好友。

1970　赵无极被柯柯什卡所建立的一个研讨会请到奥地利萨尔茨堡（Salzburg）任教。

1971　因为美琴病重，赵无极无法画油画，转向水墨，后来曾收集成书。

1972　美琴逝世。11 月法国画廊举行美琴雕刻纪念展，同时展出赵无极的水墨画。

1973　年底赵无极再出发，再开始画巨幅大画。

1975—76　专画巨幅油画，其中一张《献给马尔罗》（200×525 cm）在东京的富士电视画廊展出。

1976—87　赵无极的作品，先后在法国国立现代美术馆、东京、纽约重要美术馆作大幅度的展出。自从他和 Françoise Marguet 结婚后，他的创作及活动更加丰盛，他的画被更多的画评家肯定。

1978　Jean Leymarie 出版论赵无极巨册，同时在法国与西班牙出版，次年出版英文本。中文本则犹待翻译。

——节自 Françoise Marguet 提供的资料

研 究 书 目

　　专论赵无极的论文和书籍一共有一百八十余种，俱见 Jean Leymarie,*Zao Wou-Ki*（Editions Cercle D´Art,1978,1986）,pp.378-382.

重 要 展 出

（因为次数太多，现改录世界各博物馆收藏他的画作的情况）

德国：Essen 的 Folkwang Museum

英国：伦敦的 Tate Gallery、Victoria and Albert Museum

奥地利：维也纳的 Albertina Museum

比利时：布鲁塞尔的 Bibliothèque royale de Belgique 和 Musée des Beaux-arts（美术馆）

巴西：里约热内卢的 Museu du Art Moderna（现代美术馆）

加拿大：多伦多的 Canadian Imperial Bank of Commerce、蒙特利尔的 Musée de Beaux-arts（美术馆）

中国：北京香山饭店

美国：Ridgefield 的 Aldrich"old 100" Collection、芝加哥的 Art Institute of Chicago、亚特兰大的 Atlanta Art Center 和 Atlanta 大学、柏克莱加州大学、Pittsburg 的 Carnegie Institute、Cleveland 的 Oyahoga Savings Association、Cincinnati 的 Cincinnati Art Museum、Maine 的 Coldby Museum of Art、Detroit 的 Detroit Institute of Art、纽约的 Finch Art College Museum、哈佛的 Fogg Museum of Art、纽约州 Ithaca 的 Herbert F. Johnson Museum of Art、华府的 Hirshhorn Museum、加州史坦佛的 International Minerals and Chemical Corporation、洛杉矶 Medical Research Center、德州 Houston 的 Museum of Fnie Arts、纽约的 Museum of Modern Art、纽约的 Guggenheim Museum、加州 Stanford University、三藩市 San Francisco Museum、密歇根 Kalamazoo 的 Upjohn Campany Collection、Virgin Island 的 Virgin Island Museum、Richmond 的 Virginia Museum of Fine Arts、Richmond 的 University of Virginia Art Museum、康州 Hartford 的 Wadsworth Athenum Museum、纽约 Cornell University 的 White Art Museum、明尼苏达的 Walker Art Center、New Haven 的 Yale University Art Gallery、佐治亚州 Atlanta 的 High Museum of Art

芬兰：Helsinski 的 Kunst museum Athenaeum

法国：Musée de Valance、Musée Ingres、Montanban、Musée de Havre、巴黎国立现代美

术馆、巴黎市立现代美术馆、巴黎的 Fonds national d′art contemporain、巴黎国立图书馆、Manufacture nationale de Gobelins、巴黎的 Manufacture nationale de la Savonnerie、巴黎的 Manufacture nationale de Sèvres、Chateauroux 的 Musée Bertrand、巴黎的 Sociétédes Compteurs Schlumberger

香港：香港美术馆

印尼：雅加达博物馆

以色列：Musée de Tel-Aviv

意大利：Genes 的 Galleria Cirica d′Arte Moderna、米兰的 Galleria Cirica d′Art Moderna、Musée des Beaux-Arts

卢森堡：Musée d′histoire et d′art

墨西哥：Museo de Arte Contemporaneo、Museo de Arte Moderno、Museo Tamayo de Arte Contemporaneo

葡萄牙：Museu Nacional da Belas Artes

新加坡：Raffles City

瑞士：日内瓦的 Musée d′art et d′histoire、Castagnola 的 Collection Tyssen Bornemisza

中国台湾：台北历史博物馆、台中市立图书馆

南斯拉夫：Skopje 的 Musée d′art Contemporain

日本：福冈美术馆、长冈近代美术馆、东京的桥石美术馆、东京的富士电视公司藏、岩木近代美术馆、东京宽一郎石桥藏、大坂国立现代美术馆、东京信鹰鹿荷藏、东京今里藏、箱根露天博物馆、大坂国立大坂美术馆

赵先生的画，在中国与国际上的成就与地位，已经是铁的事实。不管在外国的画史上，或是在中国的画史上，现在的，将来的，都无法跳过你的画而不提，更无法否定你是把中国的画境、意境，和西方的画境、意境，中国时空的意念和西方对现代时空意念的探索，融合为一个完整丰富的呈现之第一人，无法否定因你的成功而带动了中国后来者走向抽象艺术的发掘。作为一个前行者，在抽象艺术的领域上，中国，甚至西方，还没有哪一个后来者可以与你的作品抗衡的。

不敢当。我想还是先让我说说我当年的一些经历，因为所谓成功固非侥幸的，但有时亦因际遇而变化。我一九四八年到法国的时候，真是风云际会：可以说，全世界都来到了巴黎。山姆·法兰西斯（Sam Francis）和诺曼·布隆（Norman Blum）由纽约来；里奥彼尔（Jean-Paul Riopelle）由加拿大来；彼尔·苏拉殊（Pierre Soulages）由罗德斯来；汉斯·哈同（Hans Hartung）和尼古拉斯·德斯岱（Nicholas de Staei）已经在那里相当出名。

我刚到的时候，相当辛苦。但我运气好，几乎马上便认识了对我大大地推助的人。他便是诗人亨利·米修（Henri Michaux），他很看重我的画，把我介绍给彼尔·洛尔(Pierre Loeb)。彼尔所主持的画廊,当时展的都是大画家如毕加索、米罗和贾柯梅蒂(Giacometti)。事实上,米罗是他发现的,他们合作了十五年,米罗一张画都没有卖出去。米修向彼尔介绍我时,他向米修说他不要看中国人的画,说中国人的画都是漂亮的,取巧的,靠些丝绸的感觉。他说他不要看,他对中国画家的画印象很坏。米修催他看,说我的画与一般的中国画家很不一样。说完后三个月都没有来。那时,米修看了我的画,为我写了八首诗来配我八张石印画。我的第一本出版物就是这本书。

我听说了,但这本书我没有找到。米修是大诗人。我早年也看过。对台湾现代诗也曾影响过。

这本书早就没有了。

他的诗,尤其是他的散文诗,其中有一篇写无垠死灰的荣耀,我早年曾想译为中文。我记忆中,整个气氛,那种无垠的开阔,很接近你的画境。我记得你的画也和后来得诺贝尔奖金的圣琼·佩斯(St.John Perse)的诗出现过。他也是我早期极喜欢的诗人,我曾译过一个专号。他的诗亦是以广阔空间见著。

我不认识他,是间接安排的。刚刚讲彼尔,过了三个月后,实际时间是一九五〇年一月四日,他终于来看我的画,并和我订了合同。十二张画,给了我两千五的法郎。我那时法文都不太会讲,能得这样好的画廊展出,我自然就接受了。一直合作至一九五七年左右。现在请你继续讲你的。

我今天最希望做到的是:在我说出我对你的画一些个人的感想,一些粗浅的意见以后，你能给我作出些更正和补充。也许通过这次谈话，尤其是通过你进一步的说明，可以把你在艺术领域里所摸索出来的一些艺术的奥秘，你在美学、哲学上的思索，你对表现过程中所面临的问题和你求得的解决策略，可以给后来者——包括其他的艺术工作者、诗人、音乐家、舞蹈家、视觉艺术工作者——一些启导作用。英国十九世纪末的美学家佩特(Walter Pater)曾说："一切的艺术都欲求达到音乐的状态。"塞尚、康定斯基、保罗·克利都直接地、间接地提到"精神的回响"、"音乐组织"这类的话。（事实上，论西方现代画的文字里，还有不少与音乐有关的字眼，如"母题的律调"、"颜色与形韵律的颤动"……等。）而代表中国艺术理论源导之一的谢赫的第一条"气韵生动"也是与音乐活动与状态有着一定的关系。而中国的书法，尤其是草书如狂草，亦往往以"纵横舞跃"、"凝散收放顿转急滞缓速"这些与音乐舞蹈有关的字眼来描述。在这一个层次上，中国古代美学和西方现代美学的取向上是完全相呼应的，尽管二者的美学根源和历史生变各自有着不同的成因。但就这一个层次上看，二者是很接近的。

看你的画，一个总的印象是，你朝着这种状态和活动升华。是因为在你艺术的意识里，有了类似杜甫站在泰山上看出去所写的"荡胸生层云"那种怀抱……

我虽然也喜欢旅行，但我并不画眼前所见，譬如我到太湖去，觉得很舒畅，而帮助了我作画。

我的意思不是说你要去写形，我说的是"胸怀"、"怀抱"，杜甫这句诗是个比喻。

我觉得中国画最讲究"气氛"。

赵无极
献给诗人亨利·米修(Henri Michaux)
1963 60×92公分   米修藏

赵无极
风
1954 油画 195×87 公分

对。我说因为你有了那样的怀抱，所以你的画很顺利地超越了形象而不觉无象，因为你把画象提升到一种音乐的活动和状态，一种充满着律动的气氛。

我的画象米修解释得很好，说我画的不是"风景"而是"自然"。

应该说"自然的气象"。我觉得因为你具有了那种胸怀，你还可以顺利地超越了媒介的限制，譬如一般来说，油不易做到流动和溅射，水墨不易做到堆凝的厚实。你的画顺利地冲破限制而能任两个文化的美感感受纵横并驰于一个共生共有的领域里。

所以台湾曾有人写这样的一篇文章，说中国画就一定要用毛笔和宣纸画，说赵无极的水墨画完全离开了中国画的传统。

这大概是很早的文章吧。我不大能想象现在还有这样黑白分明的保守派。其实能冲破媒介的限制才是重要的，才是 Original。

所以我没有和他辩。事实上我也没有标榜画中国画。

就举这张画来说吧。这里面波浪的流动与激溅，要用水墨来画比较容易多了；但你用了油，接受了油的限制的挑战，而结果能与水墨一样流畅，乍看之下，甚至比水墨更自然，因为它除了流畅，还有透明性的光泽。这个气氛效果的达成，是跟你的胸怀放开有关。

我一九三五年开始画，要到一九六四年才知道油怎样画，才掌握了它，差不多三十年之久。这之后,我觉得我可以自由挥发,真正地没有拘束,没有顾忌。

刚才杜甫那句诗,"荡胸生层云"中的胸仿佛已经变为太空,其中层云自由涤荡。是在这样广阔的空间里,是在这样放阔的胸怀里,传统所讲的虚实的推移更见意义,宇宙中气之滞流与凝放,见诸太空的云霓,见诸大海的水烟,见诸流水随物赋形的转折结泻,见诸星辰的聚散,是仿似音乐中的活动。

中国画有一个毛病,要嘛就是太实,要嘛就是太松。应该松的地方就应该松,应该紧(实)的地方就应该紧(实),就像音乐一样,必须要有 silence(休止、寂静)才成音乐,总不能密密实实都是音。

在中国传统的画家里,五代和南北宋来比,我推断你会喜欢南宋,南宋的画比较空灵。

中国的画家中最重要的当然是范宽、米芾……八大有一部分我很喜欢。石涛、八大实在是十八世纪的例外。中国十八世纪好的画家不多。但十八世纪在西方,却有很多很特出的画家,如哥雅(Goya)、泰纳(Turner)……

泰纳在气质气氛上应该和你相应和。大海里水雾、浪花的凝放、聚散……

这话有些道理,我自己对空间极其注意。

你画中的空间最接近中国画的精神,这和我刚刚说的音乐状态和活动有着更密切的关系。泰纳的画事实上亦可用音乐中的状态和活动来看。我觉得从音乐

赵无极
火灾
1954-55　油画　130×195 公分 (巴黎庞比度现代美术馆)

的实质去看你的画，还有一个特别的地方，因为音乐所用的音符是超文字意义的，是抽象的，其结构活动和文学、和传统画有显著的不同。

我学了六年音乐。

喔，我猜的没有错。我虽然不是学音乐的，但对音乐的活动有些个人的了解。你的画象的构成活动，我们可以拿来和乐音比较。一个音，带着不同音色的流动，可以叠合相同的音，或渗入别的音色而由细而渐厚渐重渐密渐实渐盈渐满而达于爆炸，亦可以渐离渐散渐薄而由宽厚变而为纤细、消失。你的画的色、线的活动与状态可以说与音色律动这种构成完全一致。

在你的画里我们所感到的生动的气韵，已经超过了谢赫画论所说的气韵。他气韵的理想虽然亦必然根源于自然界凝散的活动，但用于画中，起码在他论画的场合里，是通过外物形真的把捉来流露生动，但在你的画中，却是离形入神而直接进入了书法抽象的音乐式舞蹈式的活动里。看你的画，仿佛独立在太空的舞台边缘，聆听色泽与线条在那里演奏演出；看你的画，像杜甫让云漾荡在雄奇雄浑的胸怀里。我今天早上重看你的画册时，突然想起司空图二十四品的首品来。你觉得这首诗的感觉和你的画相近不相近？

大用外腓　　真体内充

返虚入浑　　积健为雄

具备万物　　横绝太空

荒荒油云　　寥寥长风

超以象外　　得其环中

持之匪强　　来之无穷

这首诗写得太好了。我的画确想做到这样子。你这首诗可以留给我吗？

"超以象外"，事实上，艺术的境界不可以拘于形象。象或无象，实在不是问题。

不过，我刚刚提到有了放开的胸怀便可以达到你那种画象。我这句话有时会有误导作用。有胸怀不一定可以画得出心中所想的境界。中国传统有"得心应手"之说，但在实际的情况里，"应手"不一定是顺着"得心"而来，画画需要锻炼，修心与锻炼之间的关系是很微妙的。所以在这里，我希望能了解你在这二者之间的摸索过程。

我的画中这个演变的痕迹很清楚。

我问的是你在机要的时刻转化的线索。想知道你在转化时的一些思想和启示。譬如，在你的演讲中，在你的生平略记里，你曾提到一些给过你启示的画家，但提得最多的是塞尚。

我认为绘画中比较重要的不是"怎样画"，这些基本的训练并不太难获得，而是观点的问题，是思构的问题。你怎样看会影响你怎样画。传统是很高贵的东西，我们应该接受，多方地接受。但如何去消化它，变成自己的东西。

就是要了解这一个过程。你来法国前便曾看到过很多现代画。是一九四一年左右吧，你便已从明信片上、《生活》杂志上看到了雷诺阿、莫迪里亚尼、塞尚、马蒂斯、毕加索。

赵无极
1983 200×62 公分

但那时看到的都不是最好的东西。

但连同你后来看到的,你总结的还是特别标出塞尚。你还说了这样一句话:"毕加索教会我们如何去画毕加索,但塞尚教会我如何去注视我们中国画的本质"。就是说塞尚引导你重新成为一个中国画家。但你这句话没有进一步的说明。塞尚究竟在哪一方面使你注意到中国的本质?

看毕加索,空间的关系启发不多。但看塞尚,尤其是那张有名的山画。山与天空色块连接不可分的情况,完全是中国画的办法。

你能不能说得更详细一点?

天与山色线不可分,同范宽、米芾的做法很接近。山到了天里面,天到了山里面,没有明显的边缘,莫内的画情形亦如此。

在转向塞尚这些思索之前,你还做了别的尝试,譬如保罗·克利……

我来巴黎的时候,已受了塞尚的影响。但那时我做了许多不同的探索,包括仿我妹妹六七岁时的画,目的是给自己多一点的自由,雷诺阿、马蒂斯、保罗·克利的笔法都有尝试,也有把中国碑文放在画内,后来都因觉得太勉强而放弃。克利给我一个新的"进入",进入一种诗的世界,进入一种天然。我大略到一九五三年开始改变。

你刚刚说克利带你进入另一种境界,是进入的方法,还是境界里有什么东西吸引了你。

譬如他取景的方法。他常常集中在一个"细节"上去发展。我当时觉得他的方法
更接近我要走的路。

他童稚的眼光有没有影响到你似乎倾向童稚朴简的趣味。

有,有影响。他受过中国字和阿拉伯文字的影响。这点中国人是很易接近的。我
一九五〇年左右画了克利式的山水画。这类画我现在根本不喜欢,根本不承
认。克利的影响包括了平化透视,我这些早期的画中透视差不多完全取消了。
我用篆字的画,主要是利用它所提示的空间关系。后来觉得太取巧,也就没有
再画了。

你刚才提到米芾,你生平略记里也提到。

我觉得他的空间处理得非常好。

他字里的空间,还是画里的空间?

都有。我觉得米芾的画、范宽的画的空间处理都有塞尚的味道。

我刚刚就想进一步问这个问题。我看米芾和范宽(如《谿山行旅》)中的留白,是
利用了云雾,所以既是虚的,也是实的。可是我们在视觉上来讲,它是一个白,
一个空。我觉得这个云山互涉的情况作用与感觉与塞尚的不同。以范宽为例。

赵无极
1973 油画 73×60公分

我们在右下方看见一队行旅的人，很细小，树群也不大，表示我们从远方看。可是在这个景后面的一个应该是很远的山，却是庞大如在目前，甚至压向我们。这个安置使我们同时在不同的距离上看。那横在前景与后景（后景仿佛是前景、前景仿佛是远景）中间的是云雾（一个合乎现实状态的"实"体）所造成的白（"虚"），这个"白"的作用是把我们平常的距离感取消，使得我们可以换位，既由这面看过去，亦由那边看过来。这种情况我称之为"破距离"（我们或可造一个字称之为 de-distancing），是打破透视的中国方法。这种情况和塞尚天与山的接痕连而不分的情况好像不大相同。

你这个看法很好。但对我当时来说，他们之间是极其相似的。

事实上，这里面牵涉到一个美学上的问题。这个问题在萨特论贾柯梅蒂时说得最有趣。（赵插嘴说，贾柯梅蒂和他邻居十年。）萨特说，贾氏在雕塑中获得一种"绝对的距离"。他解释说，在我们平时看一个活生生的人时，我们远看近看，虽有差别，但对那个人的印象，大致上是不变的。但看一件艺术品，如一个塑像，远看近看相差很远。作为一个艺术家要如何获致一种"绝对的距离"，使得我们不论从哪个角度和距离看都可以保持该塑像基本的特色。可不可以这样说，塞尚的画也许不可以用"绝对的距离"来说明，但"距离"这个字在塞尚的画里已经不重要。

我的画里有些是画得很满的，有些画得很空的。

我觉得你的倾向是越来越空。

但这个"空",在我的画里最累人。画满容易画空难。在传统中国画里,中国的宣纸帮了很多的忙,空就是不用着墨便可以。但油画里的"空",起码在我的油画中的空,是要"做"出来的,要慢慢地建造,越大张越累人。有些人也像画中国画一样,留空便了。但我觉得油画中的空,是一种生活的空间,要生活在里头,要在里面经历。实与空要相连。空实是同一生活空间的不同的层面。不是空的真是空了的意思。

虚实的关系在一张抽象画中应该是特别重要,但一张抽象画怎样才算完成呢?

这是非常主观、非常个人的。举例说,一张画画完时可能很满意,但过了一些时日,可能会觉得这里不好,那里不好,便想改。时常发生的情形是,觉得不够通畅,有点流不过去的感觉,便想改。一张画画完,通常我都要留下来三个月到五个月,慢慢地去看,觉得自己最初的感觉不一定靠得住。事实上有时一张画会越看越不满意。

这样讲,虽然全凭主观,但其中"气"的流通不流通,确是可以觉察出来。我以为,中间可能有所谓"布局"的问题,不管那"布局"是有意的(有计划的)或是无意的(下意识对某种空间布置的偏爱。)

我画画是没有"稿子"的。

连某种布局的感觉也没有?

这东西是什么我自己也不知道,也说不清楚。有时来得很自然,有时它怎样也

赵无极
1980　260×200 公分（斯德哥尔摩·爱克斯画廊）

不来。我不起稿,反而每次都有"惊喜"的发现。画画刻意经营一个已定的对象,那就没有什么意思了。你说,希望通过我的意念给后来者一些启导。其实,我常常和年轻人说抽象艺术已经不是他们所处时代的艺术,他们应该从抽象艺术中吸取经验去发展另一种境界的画。

但我还是要问这经验里的实际问题。譬如说为什么你觉得这里应该再加一笔,那里就不可以。这里应该留空,那里就不可以。画家为什么知道?如何知道?如果说是一种直觉,这直觉有多少受传统画常用的空间处理的影响(如南宋画大量画面的留空)。在你直觉的决定上,有多少是中国画常用的空间结构?多少是西方的?

我开始时是西方的,渐渐转向中国。

所以你后期的画较空,一九五九年左右是蛮密的。

对,很紧。

大约一九六四年左右(?)开始空,然后"虚实"平均,近期还是空的多,我的感觉是这样。

是的。我现在很希望画一张看去好像一点东西都没有的画。

就是司空图那首诗中的"反虚入浑"吧。

赵无极
1976　三联画　195×390 公分（纽约彼得·马蒂斯画廊）

事实上我画画时没有想那么多布局的问题，我往往全凭直觉与本能。

程抱一曾对你的画做过好一些诠释，从许多大的方向来讲，我完全同意。可是在讨论过程中，有意无意间他要把你某些画的风格和你生活中的实际经验连起来，譬如说一九五四至一九五七那时期的画，说是充满了恐惧、不安，说它们反映了祖国巨变的动荡，你的忧郁与乡愁。你自己对这样的诠释有什么看法？

我想我的画等于是我的日记、我的生活。我的生活不简单，经过了很多困难和波动，对于我的画当然有些关联，尤其是我太太美琴过世的时候，给我很大的打击。

她死时才不过四十一岁。所以我差不多两年没有画画，那时我就开始画点水墨画，油画无法画。米修那时就和我说：你水墨画好好的，为什么不画？我说我是中国人，不愿意人家说我取巧，所以就不画。他却说我的水墨构思和别人不同，应该发展，如此我继续画了两年。现在我一年只画一二次。

我对程先生所提示的，是略嫌其太着重"直接反映论"。从你刚刚的说明里，已经显示出这个关系不是直线的。不是这样的情感会产生这样的画境，而是某种情感可能引起你找到另一种东西。

是啊，我在生活的打击里，反而向前推进了一步。真是上帝帮了我的忙。

事实上，画帮了我不少的忙。我是个不大稳定的人；唯有在画室里，我可以完全平静，完全拥有我自己的世界；在画室里，我什么都可以忘却。

赵无极
1982   250×260 公分

我反对"一对一"的反映论，因为在艺术的追寻里，往往是一种辩证的过程。譬如我发表一种理论，并不表示我写作时便按照那理论去写；在实际的情况里，我可能追寻我理论以外的另一些可能性。很多诠释太容易犯了"机械式"。另外，在画画的过程中，每一笔都有可能会引起一种新的想法。有时"神"来一笔，令你惊讶，使你开始向那新的可能性去发展。所以说，创作是一种发现过程。看你的画，我曾经想到诠释上的另一个问题来。在近年文学艺术的讨论里，经常用 intertextualité 这个字。我们可以译作作品的"互为指涉"。先就文学的情形来说明，我们看一首诗时，其他的文字、其他的诗、其他的声音会同时响起，编织成许多不同声音的交响。在讨论你的画时，我们可以用这个角度、这个层次来探索吗？用这样的方法分析你的画，你会接受吗？

我不接受。我自己觉得是各方面的影响都有，但我画画的时候，好像什么都忘了。

可是不管想不想，某些回响都会在那里。我这里说的回响，和一般了解的影响是不尽相同的东西。每个画家寻出来的可能是全新的世界。你的画境，是你独创出来的，这没有什么问题。可是这个全新的世界里仍旧可以有别人的回响。回响没有什么坏的意思。所谓"互为指涉"在文学里甚至是必需有、而且是丰富整个作品的活动。文字与画都是一种示意的符号，都有某种传达，传达出来可能只是一种感受，但传达出来的，往往是一个复杂多回响的东西。以较传统的画来说，塞尚画的《奥林匹亚》(Olympia) 吧，我们看到的不止是他的 Olympia 而且也记起前人的 Olympia，譬如马奈(Manet)的；这些在我们意识中的回响，更能使我们认知塞尚 Olympia 的独特性。

这个，毕加索做了许多，如从委拉斯凯兹（Valesquez）取材，是一个借体。我的也是借体，利用它来发现，并不是限制。

借体用得好，可以增加一张画的层次。我所说的，完全没有把它看成一种限制。在我举的例子来说，倒是和你画中的回响情况有些差别。在塞尚的 Olympia 来说，他的"母题"的外形很清楚（三个人都看见），回响是很明显的；但抽象画便很难确立。我可以这么说吗？如果你的画中有别人的回响，那些回响不但是转化了，而且是发散的、隐没的？

可以这么说。但对我来说，我仍然认为我画时什么都忘掉。不过有许多自称"自动绘画"的抽象画家，往往有固定的一套画法，一个系列一个系列地画下去，尤其是美国画家，用圆，用三角。那些画家就是没有别人的回响，自己作品的回响都会不少。像我的画，根本没有一个系统，所以比较辛苦。

你会不会有时画完一张画时，发现画构成已经画过，所以你必需放弃它，你希望每张的构成都不一样。

是我的希望。但人的脑子毕竟有限，要每张不同是不可能的事，但我却希望不会重复。

你刚刚提到画实的、凝聚的比较容易，画虚的、空的比较难……

这是材料的问题，油画里的虚和中国画的虚是两回事。我前面已经讲过。主要是中国画一笔下去已经和纸连起来，但油画却连不起来，所以给我很多的辛苦,要慢慢一笔一笔建造。水墨画一笔下去便完了,要嘛就撕掉,要嘛就留下来,没有其他的选择。

你的油画里很多书法的笔触,很流畅,你的油是冲淡的,还是……?

我的油的用法是很正统的,是三分之二的松节油,三分之一的油。

连这些点状、洒水状的都是用同样浓度的油吗?

是。

我可以回到克利再问一个问题吗?

我已经不喜欢克利了。

我是希望了解一九五〇到五三那个时期你转化的意义。你在一九五八年在香港演讲的时候(那时我从台湾度假回香港),你提到现代画几条主道,谈康定斯基、塞尚和克利。你那时对克利有特别的感情。你现在虽然不喜欢,虽然你在一九五八年时已经没有画克利那类画了,你能不能用回顾的方式,说明克利当时对你有什么启示?

他给了我一条近路,是接触新境的便道。

近路是什么?

赵无极
1974 油画 195×130 公分

取巧的路。

可以达到什么东西呢？

达到使我找到绘画的一个境界，在观察方面，不要与以前的方法太一样。

这虽然是你早期很短的一个时期，但还是一个很重要的过渡。克利引发你到……

引发我到用篆字。

我本来想问你：是不是通过克利，你对书法才更进一步注意，还是你早就注意了？

我老早就注意了，不过我不知道怎样去用它。我就讨厌某些中国或者日本画家，写两个字在画上便算是新派。这太取巧了。要做就要把它真正的精神、最好的精神，包括铜器、玉器、石刻上的。里面好的东西是空间布置得好。在这个关键上，克利给了我启发。

就是说，你注意到人家可以这样用，我们的书法比他好……

我们为什么没有好好利用？

对，这就是我要问的。让我再回到水墨画与油画的问题上来。由于水墨无法像油画那样慢慢地修改，所以在开始画画时的心理状态和心目中欲获致的效果都应该不一样。你可以在这个问题上再发挥吗？尤其是你曾画了一本画册之多的水墨画？

水墨画是一种投射，有了某种大的意念，无需任何事先的构造，我快速地把自己投射到画纸上。由于不能一笔一笔地修建，它的效果自是不同。但我们需要了解到所谓自动性的两种情况。有一种是来自身体的自由活动，另一种是通过教育、传统的训练出来。后者会慢慢影响及调制前者。书法笔触的活动，看来是非常自动自发的，但因为书法仍出自一个模子，最后还是忠于该模子中的规律，而同时要求某种自由的活动。譬如我们写一个字，我们一面要受那个字形本身的限制，但另一面则要冲破它作自由的玩耍。这就是水墨中的挑战。无论你多自由，其间总是有一种传统教育牵制着。

你用了水墨，有没有意味着你向传统回归呢？

没有。不是向传统回归，应该说，向我自己的传统进展。因为这不是向真正的中国传统（如向宋画）回归。我极其崇信传统，它确曾帮我找到了我曾经忘记的自我，找到了被埋葬在许多别的事物中的自我。因着种种的关系，我和它已经隔离了相当久（你记得我一九四五年便曾用过水墨），现在看来它已经远离我的世界，已经和廿五年前或三十年前不一样。那时的"传统"里，水墨是一种风格的训练，是一种匠人式的示范。我近年这些水墨画则是属于自己的表现的技巧，是自己掌握自如的，而且我觉得它也并非特别的中国。我用水墨是由于一种内在的需要，我觉得我已经超越了当年曾经给过我阻碍的传统，而在大空大白间使我找到我以前没有想到过的空间。我觉得更加自由。水墨直接的扫洒溅射在纸上产生一种充满着诗的空白。水墨和纸给了我很多的明澈性来达致寂静。它们给了我一种油画所不易获得的空间,以一种最经济的办法,得到一种意外的展开,一种使我惊讶的效果。我达到一个不完全认知的世界:空白与寂静直接地触及我,给了我更多的信心,可以继续追寻未知的新的境界,使我在油画中能更进一程。

物眼呈千意　，意眼入万真

——与陈其宽谈他画中的摄景

资料篇

生 平 纪 要

1921　生于北平

1944　毕业于重庆中央大学建筑系

1949　美国伊利诺伊大学建筑硕士

1950　美国加州大学研究绘画、工业设计、陶瓷

1952　美国麻省理工学院艺术馆展出第一次个展

　　　美国波士顿城卜郎画廊展出第二次个展

1954　纽约怀伊画廊展出第四次个展

1955　纽约艺术学生联盟研究石印

1958　参加《时代》杂志主办巡回画展

1959　英国艺术评论家苏立文著《二十世纪中国画》中，评为最具创造性之中国艺术家

1960　返台湾任东海大学建筑系主任

1962　密歇根大学艺术馆十年回顾展

1963　米冉画廊个展第十二次

　　　华盛顿佛瑞画廊馆长柯希尔评为最认真探求中国画新方向之艺人，具有无穷之创造力

1966　"中国山水画新传统"在美巡回展出，爱荷华大学李铸晋教授评为具有慧眼之画家

1967　旧金山重建局个展

1974　香港艺术中心个展，艺评家何弢评介

1977　加拿大维多利亚艺术馆个展，艺评家徐小虎评介

1980　台北国立历史博物馆个展

任东海大学工学院院长

1981 巴黎国立赛纽斯奇美术馆"中国传统画"联展

1982 伦敦莫氏画廊个展

1983 香港二十世纪中国画讨论会联展

1984 檀香山艺术学院美术馆个展

1985 香港艺术中心回顾展

1986 香港当代中国绘画讨论会联展

法国凡尔赛市"中国传统画新潮流"联展

陈其宽
涧（局部）
1966　180×23 公分

我想每一个看过你的画的人都会感觉得出来，这些画后面是一个很有修养、很细致的知识分子，一个对传统，对现代生活都曾思索过、通透地思索过的知识分子。你的画呈现着一种活泼的心灵活动，是感的活泼，是知的活泼，甚至有时是机智的活泼；无论是用简单、抽象笔墨线条、不假思索快笔来捕捉的力动，如《球赛》(一九五三)里气的流动，如《鹤》(一九八六)那横幅里简笔狂草、只见翼影不见鹤形的飞跃，还是一种意念的体现，如《老死不相往来》(一九五五，一九五六)，《秀色可餐》(一九七九)和《痛饮》(一九七七)所引起我们会心的微笑，还是动物画中猴子的舞手蹈足和古碌古碌的很精灵的眼睛，还是你好几张画视角灵活的运转，都呈现着一种活泼泼的心灵和心智很凝炼的挥发，见诸笔触，现于画境。我想几乎每一个人都会感觉得出来。即使最快的墨笔，最洒脱的滴墨，似乎都含孕着"思考过"的气质，是凝炼得来的面貌。

你以前在一篇文章里，提到"意眼"这两个字。这两个字最能代表你的入处，也最能使我们了解你艺术的取向与传承。这两个字，每一个字都牵涉到历史的层次与个人的层次。"意"：我们对传统中的"意境"应该有什么历史的意识呢，由汉唐至五代至宋至元明清，"意境"经过了怎样一种衍变，如何由金碧，到淡墨，到繁笔,到扭曲,这是历史的层次。从个人的层次看,即是要问:现代人,作为一个现代的中国人,我们的"意境"是如何地与古代相通或相异。"眼"也可以分为历史与个人两个层次看。"眼"就是怎样去看的意思。亦即是如何去"摄景"或"取景"。长条,横幅,大小的选择,在历史上作了怎样"摄景"的提示。譬如五代喜欢俯视万山万象,宋代实一角而空其他便是一种"眼";从个人的层次看,作为一个现代的中国人,我们有了与古人怎样不同的眼睛?你可以就"意眼"这两个字申述吗?

"意眼"包括的范围很广,一时不易一言两语说明。"肉眼"和"物眼",易于找到具体的质素说明。"意眼"广而泛泛,何止万千,从历史最早最古到最现代,有各色各样的意识感受。从横的来说,各地区的,东方的,西方的,科学思想和哲学思想的……范围很广,一时不能具体地说"意眼"究竟包括些什么东西。

当然,在我三十多年作画的历程来说,是要在中国画的传统里提供一些以前所不具有的意境与看法,一些可以代表二十世纪或二十一世纪的意境与看法。

讲到现代的绘画,观念也扩大得很广阔,由平面转而浮雕,由浮雕转而雕刻,雕刻有动的有不动的,又由小的雕刻到大的建筑——即把建筑也视为一种雕刻。再进一步,甚至把地景也看成艺术。又譬如最近有一个艺术家把塞纳河的一条大桥用布包起来作为一种景观艺术,同时也作为一种观念艺术。艺术的定义扩大了,层面广阔了。不过,我觉得今天应该在两度空间里找,在平面里找。这就要靠每个人的看法、想法、敏感度。

在你的画里,偶然也呈现些抽象的构图与技巧,但总的来说,传统的形象不少,

陈其宽
童心
1978　23×23公分

虽然你的做法与传统的画有不同的地方。所以在讨论你异于传统画之前,我想
集中在你对传统的了解这一层次来问你。传统每发展到一个阶段,必须有突
破。做为一个画家,这当然是首要的考虑。当你和传统对话时,你做了怎样一种
扬弃求新的考虑?

和传统对话,有几种做法。第一种,是利用某些类别来看中国画,某些已定的绘
画语规来范定中国画,譬如文人画应如何如何,松、梅、竹、菊代表了什么,亦即
是用一种预先确立了的类别去看。这样走出来的画家,讲究某种先入为主的笔
法和构图,结果往往是模仿性很强,按照已定的规法,而且是别人定下来的规
法去做。这样做往往把一个很活的东西变成很死的东西、死义的东西。

第二种,是把"现代"和"过去"看成两个完全不同、甚至对立的两极。好像"过
去"是可以割开来另置于一角来看。这样也是不成的,因为这样,实在是违反了
我们实际的经验。"现代"和"过去"应该有一种不断的交往,割断以后,好像"现
代"可以完全为"过去"作盖棺定论,可以完全主宰"过去"。这种把历史切断来
看,结果也是专横的。

第三种,就是真正的交谈,就是有些东西我们看到可以接受,有些与我们现处
的历史场合无关,有不少有关的,但又不能表达我们现在所欲表达的。这样自
由来往的交谈里,我们才可以发现"过去"和"现代"真正可以贯通的地方,同时
看出缺少在哪里,可以增加或衍化的地方在哪里。请在这一个层次上讲讲你和
传统的对话。

开始的时候,我在 Cambridge 读建筑及教建筑的时候,一有空也去看一些中国

画展，我觉得他们画来画去都是花鸟虫鱼，山水画都差不多一样。这大概正应了你说的第一种方法吧。我那时已立愿，要画总要有些新献。

我当时只是暗中的摸索，没有和什么人讨论过，也没有在理论上做工夫，而是在一种无知的状态中。当然，我也不是在一种毫无准备的情况下工作，亦即是说，不是如某些画家那样，下笔前完全没有画象，不知要画什么，而在下笔后随之而变化。我也不是如此的。

在我观察传统画时，觉得有些很重要、很特别的东西应该保留下来。我画的画，很多都是长的，不是竖的，便是横的。长的选择，和我对《清明上河图》的认识有关。《清明上河图》提出了"时间"与"动"如何在平面上表现。用现代画的角度来看，《清》图里用了很多视点，不断移动地看的视点。这跟西方，尤其是现代前的西方，完全不一样。西方的画，用我们建筑的术语来说，便是一点透视，一个人站在一点来看，并没有把人放在许多点上看。

这个差别是很显著的：西方定点定向，东方散点和变动方向。但在西方文艺复兴时代，并非没有考虑过这些问题。像耶稣生平的故事，便牵涉到一连串的事件，不同时间发生的事件，表现在教堂壁上或窗花上的，是分张处理。这样便完全无法像中国画所提供的灵活的连续变动。当时有一张画莎乐美故事的画，最能显示出他们在这个问题上的思考和其中的困境。那张画想要在同一画面上呈现莎乐美生平的三个重要事件：她在国王宴桌前娱乐国王的舞蹈、求国王杀圣约翰的头和最后把头用盘子盛着呈现给莎乐美。作者把这三个事件重叠在同一个画面上，主要的背景是国王宴请的长桌横在画面的中央，莎乐美的跳舞出现于中央前景，长桌左面是圣约翰去首，右面是把砍下来圣约翰的头献给座中的莎乐美。看来极其不自然，极其勉强。他们无法处理时间的问题，很可能与素材和画幅有关（画不长、又不能卷），但更重要的是他们受制于整套观物方式，亦即是外在世界的秩序由主体主宰，所以没有理解到，主体的位置可以移动或者把主体"虚设"；中国画中的主体，是若即若离、若有若无的，因而我们可以随时移入灵活运转。

西方中世纪也利用过"反面的透视"（即把事物安排到和观者透视的站位相反，使我们同时由外向内看，和由内看出来）。这一点很接近中国的一张唐人宫乐图。至于把故事一些细节压缩在一张画面上也出现过（如画乐土乐园的一些画），企图在画中包罗万象。在某种意义上，也接近敦煌壁画中佛教故事的手法。但"动画式"时间的捕捉，西方是到了电影才真正解决了。综合了时间、空间的电影镜头可以不断地移动，而透视可以不断变化。《清明上河图》，在手卷分段展看时，透视是不断地在变的。（这，在我以前看过的一张《曲水流觞》里更加明显。）

西方后来力图突破这个问题，而在立体主义如毕加索的《亚维侬的怖女》或未来主义如杜尚的《下台阶的裸女》这类画中，都有因为带入"时间"与"动态"而歪曲自然形象的情况，极不自然，是一种为表现而表现的倾向。

他们往往把看到的许多不完整的片面重组，或把一个整体打碎重组，变形极厉害……

而中国则始终保持原来事物可认的模样。

对。这点很重要。杜尚的那张画，利用下台阶裸女的一条接着一条腿的叠像来指示动态，也是片断化的。这张画显然是受照相的影响。我们的照相利用重复曝光便可以得出类似的画像。我以为不改变外形而能解决动的问题和改变外形来解决，最大牵涉到的是"交通"的问题。看的人和画如何沟通，是画家应该考虑的。

前些年我看过一个英国人的一组画，从太空一直画到显微镜，由宇宙的星辰到地球到沙滩到沙滩上小女孩玩沙到桶中的贝壳到贝壳的纹路再到肉眼看不到的显微镜的世界。视觉世界在现代大大地展开。可是，这里假如让大家来选择的话，可能都会挑海滩上小女孩玩沙那张，因为那张跟我们人间最接近。当然，他们这个喜爱的并不一定能代表好。我只是说，一面动的视点很重要，另一方面这个可沟通的层面也不可忽视。

我曾在另一篇文章里论及：外国在模拟论与表现论之间，往往采取分立对立的态度（即为了主观意愿表现而表现的画往往不顾模拟论倾向所反映的真实形象），但中国这两样都做到。

你刚刚描述的不同透视的画象，除了它带来不同的形相以外，还关及作为一个现代人的感知触角与领域。那个英国画家的做法，在某一个意义来说，也在你的画中出现，也就是，你用了很独特的角度、平时不常用的角度，而给与我们很特殊的视觉效果(如《卧游》、《午》、《街景》、《窗上行舟》等)。这里面有好几种，其中有不少，我想是受到你建筑的影响的，如建筑中对窗向能见什么的特别的考虑。

建筑师对窗相信是特别敏感的，尤其是在位设于与大自然有密切关系的建筑，窗设可以看到怎样的景，包括移动时向高看向低看能看见什么，都是很关心的。窗仿似电影里一个画面一个画面的框定（Framing，取景、摄景）。譬如我们拿普通的一张画，在其中框出不同的景，把它放大加以特别的注视，其效果和原来的画将完全不同。在生活里，平看可能是平凡的一个景，卧下来仰看则可能很特别。你的《卧游》就有这种效果。你窗景的画如《风帆入室》之一之二，如《窗上行舟》往往采取了一个角度，把平时要同时仰看、俯瞰、平视、远看的都出现在同一个画面上。"框出新景"也可以用中国书法的文字为例。一个书法的字，我们只取其一部分放大看，会给我们另外一种美的形相、感觉和效果。你在"取景"上做了不少工夫。你刚刚说有关那英国画家显微镜的手法，虽然在题材上你没有那样做，但手法则极似。你画得很细微、很细致。这几乎近似显微的做法，在你大的结构中另有作用，我下面会和你谈起。在"取景"这层次上，你常把一点扩大，或者把某一面提高、提升。在你的画中我们可以找到不少例子。

　　建筑直接间接对你影响的，另外有所谓蓝图的结构。建筑蓝图很多是从上面直看下来的，如建筑与建筑间树木、花园、水池的布置。你有不少画是利用蓝图式的结构的，如《运河》、《街景》、《渔鱼》、《暗流》。

　　另外大的"取景"就是角度的运转，显然是受太空视觉的影响。中国传统画中已经有不少鸟瞰式的画法，尤其是五代与北宋，从高空看千山万水，再加上画家过去不同时刻游山所得的全部印象，综合出一个庞大的印象，尽量使得前山、后山，前村、后村，前湾、后湾、大山后的小山都可以同时看见。但我觉得你超越了这种鸟瞰式的透视。高山上可以看到的，和飞机上看到的终究有差别。可以这么说，你没有刻意诉诸抽象的试验，而从传统式的事物中，通过现代人

(上图)陈其宽
缩地术
1957　25×120 公分

(下图)陈其宽
暗流
1966　23×120 公分

意识的摄景,而产生了现代的个性。

事实上,这还不只是飞机给我们新的视觉的关系,而且还是我们意识中的时空有了更新更大的展开。这里我们可以用麦克鲁汉(Marshall McLuhan)的说法:由于电视、新闻传真等的快速传讯,我们可以在一分钟内同时掌握世界三四个地方传真的活动。换言之,我们对"整体"的掌握,已经不是靠眼睛了,而是靠我们整个感知官能。我们整个感知官能所触及的真是"意达千里"。是这样一个全景的掌握,加上传统给我们的"动的视点"产生你一九六九年的《回旋》(天旋地转)。照我的了解,你后期的《虹》、《方壶》、《翔》、《大地》等等都是从这个更大的全面感知的"意眼"画出来的。其中一张,一面是日,一面是月,中间是千山万水的回旋弯转。一般来说,这是肉眼看不到的,而是感觉、知觉可以连起来的世界,这是由于工业科学文明把我们"意眼"扩大的结果。在这个层次上,你是绝对地突破了传统。

你说得很对。我基本上是想用种种不同的方法去看,从上看,从下向上看,从谷底看。你所说那张《午》,就是从树林下向树顶与太阳形成的空间看。事实上,我画那张《足球赛》时,已经是腾空向下看,远近都有。当时还没有想到把整个空间扩大;当时只限于球场而已。有一年,六几年吧,我有一次画一张山水,有一笔画歪了,本来想放弃;但就在这一瞬间,突然有一个新的印象呈现:如果我把山弯过去,不正合我以前的一个实际经验吗? 这是一个很奇怪的汇合。

第二次世界大战的时候,我被征去做翻译。由重庆派到昆明受训,再从那里坐军机到印度的雷多。当时坐的飞机条件很差,大家等于坐在地板上。飞机飞过了驼峰到雷多附近的飞机场,在下降时转得很快,它一转简直和地景垂直。那

(左图)陈其宽
大地
1983　182×31 公分

(右图)陈其宽
回旋
1969　183×23 公分

时从飞机窗口向外面看,茶田都变成立的。很妙的是,看到的是茶田立面的景致,不但是立的,而且飞机在转,立景便一直地动变。这个印象很特殊,很深。我画那张山水时,这个印象突然回来了。我由是顺着我错落的一笔发展下去,索性把山画得歪下去,而且越歪越多。如此便发展成这样一张画。

这个经验,倒有些像十七八世纪的一次视觉变动。十七世纪发现太阳系中心以后,一方面打破了传统西方的宇宙观念,另一方面开拓了一个新的视觉境界。发现太阳系中心是通过望远镜的。望远镜所给他们的视野替十七、十八世纪的英国诗和散文增加了一样以前没有的视界:那便是无限天象、无限山川、城市的描写,用视觉性极强的意象。甚至写宗教主题的弥尔顿,在他的《失乐园》里,也利用了望远镜的眼(他诗中根本用了这个字眼)来俯视大宇宙。这种工业、科学的经验影响了创作者的意识与表达,和你的情形很相像。你当然不是第一个人坐飞机,第一个人有上述的感受,但很多人只回到五代那种鸟瞰群山,仍然没有跳出那框框来作更广阔(我是说有了你所谓"物眼"的意识的)捕捉。他们的画中没有反映出我们整个现代人视觉的变化,反映出我们与古代人视觉经验很不同的地方。就从你个人感受和工业科学文化互为玩味这一点,便足以证明你绝对是一个现代画家。

我去年二月份在香港一个中国画的讨论会上也提起了这件事。我说,中国早期的画,当然也有动感,所谓行万里路。但是,不管他们怎样行万里路,还是没有我们从飞机上得到的感受。

他们缺少了速度。

他们缺少了速度的转动。他们只凭想象画出了相近的境界，但到底他们没有坐过飞机，那感觉便不能落实。在我当时的情形，亦即是战斗机不顾乘客安危的急转，所得的速度的转动更是尖锐。我在最剧烈的转动中感到。这一点行万里路无论如何也不容易得着。廿世纪的人有时不必行万里路，而在速度剧变的一刹那间便得出与前人很不相同的感觉。我觉得这正可代表我们作为现代人的一个特有的感觉，我便把它抓住。

不过，据我的了解，这不光是感觉的问题，还有智知的了解。由感受到你后来画画相连相应起来，是一种美学上的思考。

我这样说，除了作为一个艺术家的必然要如此之外，你其他的画都呈现了你智知的思考痕迹。一个艺术家必然要有艺术的思考、思想性的演出。我们或可以从你一九五七年那张《缩地术》来谈。我认为这是你在透视上第一张突破性的画。虽然在这之前有一张叫做《出世》，把山悬在空中，构成一种透视的幻觉。但在传统画中，这种做法我们可以在扬州八怪中找到痕迹。但《缩地术》不同。这张画可以证明你艺术思考的习惯与痕迹。这张画不是"感"而已，而且是"知"。《缩地术》是由一个 idea（思想、念头）影响了形状，是由"缩"这个字联想到应有或可能有的形状来。

画的媒介与语言的媒介不一样，如《西游记》中的孙悟空，他说一声"变"，变大变小，下面的文字便可转到变的过程与形状；但画里变大变小便是两张画了。你受了这个限制，但你的思想、念头促使你把整个"知"的范围合起来一起想而引发了变形。照讲，缩小也可以保持原样，而不一定变形。你这张画中的变形，一来是由于想到整个世界要缩，只能通过变形始可以差强容纳；二来是受了现

(左图)陈其宽
金乌玉兔
1969 115×23公分

(右图)陈其宽
不知今夕天上是何年
115×23公分

代工业社会技术的影响。譬如现代社会不少太空馆里太空剧院放的宇宙太空万里山峦的电影，他们把全面影像投射入类似天穹的弧形的银幕，我们看到的宇宙式山水是弧状弯曲的影像。把地球大宇宙弯在一个画面上，与你那幅《缩地术》有相当的回响。所以说，你一面有了现代人的感受，但一面也通过了思考。《缩地术》在你的画中是突破性的一张。

这实在是受了"物眼"的影响。我也喜欢照相，我常用望远镜头来照相。如果照街景，我们会发现所得的景象和一般的镜头不同。望远镜头一下子把最远的和最近的全挤在一个平面上。这也可以解释我画中的河把许多曲折浓缩在一起的情形。

事实上，你很多画把日、夜，日、月，把地球这边的世界和那边的世界挤在一起的画，也可以从这个角度来看。是你"物眼"加上了"知眼"（意眼）的结果。

画山水的两面世界那类画，我早期有一张《金乌玉兔》（一九六九），站在树林里，向一头看看见太阳，慢慢转看过来，又再看到另一头的月亮。

其实画那张画的同时，你已经在画《回旋》（天旋地转）了。

但我那时还没有往更广的层次看。我后来在老子的话里，有了惊奇的发现。两千多年前，还没有什么帮助我们视觉的工具，老子居然说出了如下的话，虽然他当时只能凭想象。他说："大曰逝，逝曰远，远曰反"。就是说大到后来就看不见，远到后来就回来。他当时可能已经想象到地球不是平的，可能是圆的，他并且可能意想到时间与空间的连带关系。从我们现代的立场来看，可能还牵涉到

(左图)陈其宽
重阳
1985　161×33 公分

(右图)陈其宽
西山滇池
1953　120×250 公分

不少天文的理论，比如有人说宇宙由膨胀再收缩，收缩再膨胀，那种周期性的情形。不管怎样，我觉得老子那几句话很奇特。我有一张画便是由这句话而来。（叶按，即《返》[一九八四]。）

关于传统一些话的解释，或者说你和它的一种互玩，一种对话，这也是由一个思想、念头启发到你整个形象的改变。你的画中有不少这样的情形。你提到老子，很巧的是，我来前抄了庄子《秋水篇》的一段话，也是觉得你的画和这几句话有相当微妙的互为玩味。这段话相信你也相当熟识的：

夫自细视大者不尽。自大视细者不明。夫精，小之微也。垺，大之殷也。故异便。此势之有也。夫精粗者，期于有形者也。无形者，数之所不能分也。不可围者，数之所不能穷也。可以言论者，物之粗也。物之精也，可以意致者。言之所不能论、意之所不能察者，不期精粗焉。

你的画仿佛是对这些话作出挑战。应该看不尽的，你看尽了；应该看不明的，你看明了。

照讲，你这么高这么远地看，小的东西应该看不见的，可是你居然看到了。又加后期那张《翔》、《大地》等，能够宇宙两面都看得到，用的已是太空眼，应该是看不到山湾间的小舟的，可是你看到了。你看到的原因是：你把时间的问题和空间的问题去掉。这是一个很大的哲学、美学的问题：怎样可以保持一种距离、或者达到一种和我们所了解的距离所不同的状态，从各方面都可以看，任何角度都可以看到。这在想象中可以做到。事实上，庄子了解到这种没有距离限制的状态，所以他才说："言之所不能论、意之所不能察者，不期精粗"。中国有很多

（左图）陈其宽
漩
1986　180×30 公分

（右图）陈其宽
颠
1986　185×30 公分

方面，在美学上超过了西方。西方，一般来说，太受"物眼"的影响了。他们不了解，我们可以超脱"物眼"。中国山水前前后后都可以看到，不是在实际定时定点可以做到的。我们做到，便是把距离取消了，消散了。我创了一个英文字"de-distancing"，就是"解距离"、"破距离"的意思。你的画里，比较特别的是，你脱离了一定的时空，所以宇宙世界两面都看得到。但要飞到两面都看到的高度，自然也就看不到你画中的小舟，但你看到了，而且几乎有显微的清澈。所以很特别。

你这样说法不但给传统的画和我的画一个全新的视角，而且给了我不少美学的启发。有一个人曾经对我这样说，说我画中这种情形还可以由我建筑的经验来解释。

在建筑的计划、思构里，不只是要着眼于大的东西，对建筑中很多细节都必须完全注意到。大处包括全面环境，小处包括一窗、一转角、一螺丝钉都要考虑。

我觉得这样说法不能解决我刚刚谈的问题。因为传统画中，细节也可以做到，也可以做得很细。但在你的画中，因为是从不可想象的距离出发，细节的地方则是回到一般的距离去处理，这只有"解距离"才可以做到。

所谓"解距离"，中国传统画里已有。我前面的讨论中所提出的"散点"和"变动方向"，也就是"解距离"的状态。我在与赵无极的对谈中另有谈及。但传统的做法没有你这么细。你比传统更推前一步，把"物眼"变为"意眼"，或"意眼"合为"物眼"，用"不期精粗"打破"自细视大者不尽，自大视细者不明"。

我觉得你画很细微的事物，还有一个独特美学原因。你最早利用小和大的关系所构成的画面,大概是《西山滇池》(一九五三)和《黔池印象》(一九五三)。《西》画这张的独特性在哪里呢? 初看,是由一大笔滴墨构成的抽象的形(你有不少这样抽象的形象),可是你利用了一个微细的小节,一个写实世界的小节,把它重现(或重写)为一个具象的东西。在这张画里,由于一点小舟的出现,便又把抽象的一个形重现为山崖。在我们注意到小舟之前,我们不知道那笔是不是山崖,它可以是也可以不是;但小舟这一点细微的写实细节的出现,便把抽象重现为具象。你很多画有这样的做法,如那幅《暗流》。原是由滴墨而成的一些飘浮的形状(石头? 浮叶?),但由于里面有了些细鱼的出现,就把荷叶重写出来。你在具象与抽象之间的互为玩味,利用一点点写实的细节,而使观者进出于具象与抽象之间(即我们同时看到抽象与具象,一个东西同时是具象与抽象),这也是很特别的。

这样说法很有意思,很有深度。但让我从一个建筑家的立场提供另一个看法。这是比例的问题。在画图上,在实际建筑上,都要利用小的东西来显出另一东西之大。画一个房子的图,如果不加一个人作比例,则无从显出这房子之大。

不过,有了这些比例、透视,还是不够的。我们还需要有点趣味在里面,也许这跟人间要扯上关系。

"趣味"、"情趣"在你的画中很重要,你画中的"情趣"甚至"性灵"别人已经谈得很多,譬如何怀硕提到的"简"、"奇"、"谐"、"小"、"长",吴讷孙提到的"童心"等,都可以从你许多画中得到见证,如《老死不相往来》、《秀色可餐》等都是。在这里有一点,我想问,很可能跟你的生活有关。我在你的艺术作品里,还没有找出一张忧郁、沉郁的画,几乎所有的画都是快乐的画,这与你的个性

陈其宽
生命线
1953　23×31 公分

有什么关联？

这正好与我的遭遇相反。我们这一代中国人生活是很沉郁、很痛苦的。也许是一种补偿的辩证吧——因痛苦而寻求相反的；因为苦难多而想表达快乐幽默的一面。但我也说不出来为什么会这样，这都是在不知不觉中流露出来的。

我想趁此问你个人发展上的问题。从我自己替你重编的画作年表看来。一九四〇至一九四五年间画过些水彩画，学生时代的，没有什么特色。中间有一段空档。突然在一九五二、一九五三年间开始一大堆以书法笔法为主的画（如《母与子》等），同时也开始了建筑蓝图式的画和窗景的画。事实上，像《西山滇池》这样突出的画，在一九五三年都已出现。我的感觉是，你一下子成熟了，你的基本风格已经形成。由一九四五到一九五一这段时间，发生了什么事情，使你有了这个转变，换言之，你成熟酝酿的过程中有什么我们应该知道的？

首先，我必须说明，我从小受到很多书法的训练。在北平时，每天下午都写字，我在书法里学到很多东西。

这很显然。

我小学时代，楷书、隶书、篆字什么都写过。我中学时代主要是画铅笔画、图案画，都还很称意。大学念建筑时所受的则是纯西方的训练，素描就是画模特儿，大体是徐悲鸿他们带回来那套。那时在中央大学，除了徐悲鸿，那里还有傅抱石、张书旂等。我们也经常去接触。从水彩画建筑画古典的画法，得到不少经验。

我要知道的，是你那些成熟的笔法和想法突然的来临。你刚刚记述的，无疑为你这转变作了一定的准备，如书法构成你一九五二年以后以书法笔法为主、以字形为画的一堆作品。我想知道的，是何时有了新的转化的觉识。

起初，我确是很传统的，没有什么很清楚的知觉。后来到了哈佛所在地的剑桥。本来在一九四九年便打算回大陆，大陆学校的聘书也已给我了。突然得到电报，是哈佛设计学校的院长名建筑师 Walter Gropius 发来的，告诉我研究所有一个空缺，嘱我速去。我由洛杉矶赶去，到那里后结果因为没有钱上学，他请我到他事务所工作了两年存钱。等我要入哈佛时，葛氏已退休，并推荐我到麻省理工任教。在那里教设计，我遇到一些很主要的人物，其中之一便是 George Kepes，是包豪斯派传承而来的。他作了各种视觉上的试验，讲究新观点，包括包豪斯所讲求工业革命后美学观点的改变。Kepes 提供的是视觉上变动的一些状况。我从他那里无形中得到一些视觉上的启示。

还有一点，我那时常去纽约的现代美术馆去看画，那正是抽象画最流行的时候。我每次去看，最大的感受是，每次看到新的收藏，每次都有这么大幅度的新意，发现抽象画不依赖形象也可以变化万千。这是很大的启发。艺术的变化好像是无穷的。那时我就想开始做。我在 UCLA（洛杉矶加州大学），约一九四九年时，已选过四门课，油画、陶瓷、金工、工业设计等。我觉得油画并不合我表现的方法，不大能表达中国墨笔快速表现的意境。

油画也不细也不快。

不过，我也曾欣赏过魏斯的油画。他的画中也有大有细，而细的是很细的细节。

(上图)陈其宽
足球赛
1954   122×23公分

(下图)陈其宽
山城泊头
1952   170×25公分

这也许亦曾影响过我。因为我觉得油画不合我的个性,所以一开始便用毛笔,用简单的笔触快笔画成,如《生命线》那张便是。另外便是把过去在大陆的一些经验、走过的一些地方画出来。至于为什么我要画那些,我已经记不起来了。

这与放逐在外有关。

就是一种乡愁,有家归不得。如我画的《母与子》。

关于这张画,我是想用书法,看来像字、其实不是字来作构图,表示出各种不同的关系与状况。那张画我现在想起来很可能受到亨利·摩尔的雕刻激发。摩尔的雕刻很接近中国的太湖石,里面是水挖空的空间,也有实的东西。我自己则用中国书法的空实来表达。当然这样说来,还是与中国书法脱不了关系。事实上,在我看来,摩尔的雕刻是很接近中国书法的。

这个说法很有趣,但摩尔的沉重和太湖石终究不同。

中国美学是很重视虚实与阴阳的。

这个重要性很显然。我以为中国字的结构包孕了很多中国美学上的问题。我本来是要问你的,既然讨论已经展开,我愿意在此表示一些看法。

第一,书法里讲求"气的流动"。书法与气韵关系密切。

第二,书法是空间的结构,虚实相配。

陈其宽
大劫难逃
1973　20×22 公分

第三，字形的结构呈现出中国特有的对称平衡观念。

譬如"鸣"字，"口"与"鸟"这两个部分不可以一样大小，不是平分的。西方讲究对称与平衡，那种左面三尺右面必须三尺的做法，中国认为不美，不合乎自然的形构。反映在中国花园的艺术里，石与池水的关系，房子与花园的关系，有很多类似"鸣"字那种虚实、大小二物利用支点所形成的平衡。

第四，书法的流动性质，尤其在狂草里，简直是一种舞蹈。

以上的美学观念，在画中都可以得到明证。

你早期很多用书法为基础的画，包括利用中国字本身做一张画，如《闲不住》、《两小无猜》、《生命线》、《如胶如漆》、《团聚》、《老奴》、《可望不可及》、《舞》等，其中很多以猴子为主题。你画的猴子，不只是猴子，而且还具有类似一个中国字的趣味。你能不能以你学书法的经验，讲一讲书法给了你一些什么东西？

我想临碑帖有一种重要的意思，那就是训练我们的眼力。每临所得总觉得与原字有差异，往往写了又写、临了又临，好久才觉得满意，才觉得把握到原字的一些精神。这个过程无形中是训练我们眼睛的敏感度。

其次是每笔应有的运度及次序，所谓横平竖直均有度，这也是一种主要的初步的培养。另外关于虚实我已提过，我以前有一幅《童心》，可以说是书法的虚实和太湖石给我的虚实感共同启发下的产物。

至于说，为什么这个人写的这一笔好，那个人就不够好，应该如何决定，倒希望你能发表意见。

我们若从传释学的立场来说，这里牵涉到 Preunderstanding（预知、预解）的问题。所谓"预知"，就是我们每看一物时已经带有以前经验给我们的某种观点，才可以把眼前的事物变得有意义，或有关联。这个"预知""预解"往往因人而异，因文化而异，因美感教育而异。文化差异所构成的"预知""预解"基础的歧异，正是现代文化、文学理论要探究的，其情况牵涉到太多语言、历史、文化、哲学的因素，一时无法在此说明。这个因文化不同的差异而异的"预解"很显著，譬如同一幅书法，中国人比较易认定其好坏，外国人，包括画家在内，则大多不知如何入手。这都是与美感经验的印验有关。（我们从小就写字，在写字过程中我们体验了不少说不明白但自可感认的表现经验。）

但有一点，还是应该可以做准的。我们口边常挂着"气韵生动"这四个字，甚至听来已经是滥调；但很显然的，这仍然是最容易认可的一个层次。在机要的关头，当我们说一个字好，相信还是与此有关。很多书法论者，把书法比作跑步，下笔前如跑步发步前的凝气，下笔时如让气舒出冲出去；其次又比作流水，遇石而转曲，力道受阻如水纹转曲毕现。我们一笔很快地飞越过去，而中间纸不沾墨，笔断了而气未断。我们觉得气曾贯彻过去。这一点，我想一般人下意识里必然有此相似的共识。

对。我们以前书法老师说每一笔都要到"家"，不可潦草了事，也就是同样的意思。另外所谓"透纸"，亦然。我记得齐白石有一幅老藤画，其间的转折，笔笔都恰到好处。用力处每转折必合度，非别人临摹者可比。

其次书法还讲究整行整篇的空间关系。怀素草书的布置自有怀素的章法，有抑扬顿挫交响其中。

你刚刚说到藤画，这笔法应似你的《足球赛》的笔法，虽然个性不尽相同。你可以进一步讨论书法给你绘画性的了解吗？

我画猴子，便等于在写字。这与书、画同源自然有关系。我有时觉得我画那些画不在画画，而是在写另外一种方式的字。我选择猴子，因为猴子四肢的展开，它整个存在很像中国字。

这句话比较麻烦。类同的动物，马、鸡等，亦未必不像一个字。选猴子是不是跟它的跳跃性有关？

猴子因为与人接近，选择它的另一原因，是可以表现人间的现象。

你画幅的大小与别人很不相同，从技术上来说，你的选择有没有特别美学的理由。或者说，画幅的形式，手卷、挂轴、册叶、屏条等有什么美学上的潜能与限制？它们对你的思构有什么影响？你有没有对它们作某种挑战？你前面已说过，长的手卷如《清明上河图》，帮忙你把"时间"和"动的视点"带入平面中。你现在可以谈谈其他形式的美学关系吗？ 譬如你极喜欢的 1′×7′ 的挂轴？

我主要是要试验。如《山城泊头》那张，可以说是一反《清明上河图》的做法，不横着走，而是一级级向上走。

你有一张《桃源行》，也有这样逼使观者沿河直上的动向。其他的形式呢？

其他的形式甚少。有一次吴讷孙曾给我一本册叶来画，我没有一张一张地画，而把它们摊开，连着画过去，画一只鸟飞起一直飞过去。

有些像电影一个一个逐渐变动的画面？

有些。

你喜欢画很细小的事物，这又有什么原因？

也就我前面所说到的：小可以显出另一个对象的大，如假石旁放一条小船才可以显出这块石头是大山。另外，我想到沈三白和芸娘把蚊子看成天鹤，把小丘看成大山大水，在小事物中看出大千世界。这和我用小也不无关系。

如此说来，你选择 1′×7′ 的长条来画无限山水及山水间蚊子一样小的小舟，自也有其道理与趣味在其中。这样才引起我们对大小间玩味的奇趣、奇想。

现在我想和你印证一下我看你某一些画所引起的可能是错误的感觉，那就是，你有些画很有日本的味道。有些近似浮世绘，如你用不少细线画的风卷薄帘的窗景的画。其次，有些猴子的造型，我在日本的趣味画中似乎也有些相似的印象。还有，你有一张鹤画，我非常喜欢，是用简笔，得意去形的画法，由长卷的一头以动变的方式飞到另外一头，很精彩。但其中的快笔的笔法和那幅《大劫难逃》的快笔（也是我很喜欢的画），都使我想起日本禅画来。我想这可能是我错

陈其宽
阴阳
1985　30×540 公分

误的感觉。

吴讷孙也曾问过我和日本的关系。事实上我在画那些画的时候（很多是完成在
一九五三至一九五四），和日本画没有多大接触。这并不是说，像日本就不好。
我想日本画有些是来自南画，而南宋的画和中国的禅宗的画都有简化意笔，我
有些可能是来自我对中国那些画不自觉的学习。另外有一件事或可说明这种
印象的产生，那便是关及我建的东海大学。

东海大学便有人说很有日本建筑的感觉，推究下来，是因为我保留了木的原色
和白墙红砖素色所形成的感觉。但这样建筑的特色我们唐朝多如此；而日本在
这方面，也脱不了唐的影响。

关于日本的画，我觉得一般来说笔太硬了一些，缺乏一种流动性的情趣。我那
些画是不是因为笔硬而干而给人那样的感觉？

也许是那几张的"素淡"和"细致"的关系。这也可能与你个人细心的气质有关。

你最近画了一张很长的手卷《阴阳》，你来讲一讲它的结构如何？

这张画是景致连贯的变幻。由月亮开始，到另一边的早晨作结。这过程里，包括
从海边上来，到一个院落，然后又出来，又到另一个院落，再进入房间，经过很
多这样的层次，再出来另一面的院落……

这跟一般长手卷的结构应该是一样的。你画中多了时间的变换。

时间的变换给了画另一种个性。

你画中加了一个隐约的裸女的女体，你的用意是什么？

手卷应该慢慢展开来看，到了那里应该是个高峰。至于它含有一个怎样的作用，要让人作怎样的联想，则纯然是自由的。全景一开始都是静态的，到了那里有了一种冲激。

这里还有由外面进入内里，由陌生进入亲密。事实上，你这个女体的一个作用仿佛使得景致人间化。而且这个由外到内，由陌生到亲密，里外的气氛、情绪的变化都不一样。这画与你其他一般的画最不同的地方是：它是一种叙述体，具有叙述的层次。

你另一张具有叙述的可能或意味的画是《不知今夕天上是何年？》，这张画是一种"图示的陈述"。前景是窗桌上一盏灯。窗外近景是对岸犹甚明澈的一个城屋。长条中央是隐约可见的窗的竹帘。隔着竹帘后面是另一个和灯回响的圆（月亮），那圆里隐约可见是"仙居"的人物。人间与仙景隐隐对峙着。结构似一首诗中意象的玩味。

但"阴阳"和这张不同，因为有了"动的视点"，因为里外的进出，更似叙述的过程。你所提供的仿佛是一个叙述的架构或舞台，由不同的观众进出其间，编他们各人不同的故事。女体正好作为叙述可能触发的媒介，挑起各人不同的想像。没有女体，便失去叙述的潜能；但如果女体的含义太清楚，又会失去想象故事的自由。

中国人讲究含蓄。

是要给人想象活动的空间。

予欲无言

——萧勤对空无的冥思

资料篇

生 平 纪 要

1935　广东中山人,于上海出生,父亲萧友梅是上海音乐学院的创办人,中国有名音乐教育家

1951–4　就读于省立台北师范学校艺术科

1952–5　在台北从李仲生先生研究现代艺术;李先生在日本时曾从巴黎派日本名画家藤田嗣
　　　　治研究

1956　获西班牙政府奖学金赴西,结识当时西班牙活跃的非形象主义艺术家们如:达比埃、固
　　　　夏特、沙伍拉、米雅莱司、弗侬多等人

1957　与夏阳、吴昊、李元佳等其他七位现代画家在台北创立"东方画会",是中国第一个抽象
　　　　艺术的团体

1959　移居米兰,结识空间派大师封答那•克利巴(R. Crippa)、多伐(R. Dove)等

1961　在米兰与卡尔代拉拉、吾妻兼治郎、李元佳等创办"点"(亦译作"庞图")艺术运动

1964–6　曾去巴黎及伦敦工作,曾在纽约生活及工作,现居米兰

1969　在纽约长岛大学的南安普敦学院教授绘画、素描

1971–2　在米兰之欧洲设计学院教授视觉传理

1972　在路易斯安那州立大学教授绘画、素描

1978　在米兰创办"SURYA"国际艺术运动

1983　在意大利乌尔比诺国立艺术学院任教艺术解剖学

1984　在意大利都灵之阿尔培尔丁娜(Albertina)国立艺术学院教授艺术装饰

1985–7　在米兰国立艺术学院教授版画获奖

1969　意大利卡波多朗多市绘画奖

1975　意大利马尔沙拉市"意大利绘画大师"金牌奖

1976　意大利费洛特拉诺市国际艺术第二奖及米兰省艺术奖

1984　第七届挪威国际版画双年展金牌奖

1985　第十三届伽拉拉代市全国美术收藏奖

主 要 群 展

1957　巴塞罗那第一、二、三届五月沙龙(1957–58–59)

1960　意大利伯拉多国际抽象艺展(1961年在比司多雅)

1961　匹兹堡卡内基国际艺展

　　　蒙的卡罗绘画雕刻大奖展

　　　西德艾森巴赫1960–61年国际绘画展

　　　意大利"点"运动展(1961–67年在西班牙、荷兰、瑞士、台北巡回演出)

1963　西德莱沃库森美术馆"今日中国艺术展"

　　　巴黎大皇宫当代艺术展

　　　第七届巴西圣保罗国际双年艺展

1964　瑞士格兰欣第三及第五届国际版画三年展

1965　南斯拉夫路巴雅那第六届国际版画展

1967　西德汉诺威艺术协会"几何之音乐"展

1969　多仑比亚卡里第九届艺术展

1970　纽约布鲁克林美术馆第十七届全国版画展

　　　瑞士洛桑及巴黎第三届国际主导画廊沙龙展

1970-7　第一至八届瑞士巴塞尔国际艺术博览会

1971　培尔法司特、都柏林"意大利绘画展"

1973-4　西德都森道夫国际艺术博览会

1974　米兰今日亚洲版画展

1975　米兰构成主义展

1975-8　意大利波洛尼亚国际艺术博览会

1977　罗马第四届全国四年展

1978　纽约中华精英展

意大利迈西那国际版画展

米兰国际"SURYA"展（1979 年在马皆拉塔展出）

1980　台北国际当代版画展

1981　台北东方画会及五月画会 25 周年联合展（自 1957 起，东方画会曾在台北、意大利、西班
　　　牙、西德、奥地利及纽约作过多次展出）

1982　香港艺术馆海外华裔名家绘画展

1983　西柏林"意大利艺术展"

　　　西德巴登巴登第三届欧洲版画展

1984　弗莱特立司塔特第七届挪威国际版画双年展并获金牌奖

　　　瑞士苏黎世国际艺术博览会

　　　意大利蒙札市全国美展

1985　台北市立美术馆当代版画展

　　　第十三届意大利伽拉拉代市全国美术奖展

1986　里斯本及奥波尔多当代美术馆"当代艺术之道路 1986–87"

　　　香港"当代中国绘画"展

主 要 个 展

1957　巴塞罗那市马塔洛市政府博物馆

1958　马德里费尔兰度·费画廊

1959　翡冷翠号数画廊；威尼斯加瓦连奴画廊

1960　司都特卡赛那多莱画廊

1961　罗马得拉司代伐莱画廊；热那亚圣马太画廊；贝尔希尔特画廊；米兰宣扬沙龙画廊；安特
　　　费尔本道列根斯画廊；司都特卡赛那多莱画廊

1962　罗马圣洛加画廊

1964　巴黎当代国际艺术画廊；米兰阿里艾代画廊

1965　南斯拉夫马里波尔博物馆

1966　巴黎英国图书馆画廊；格里费特 123 画廊；威尼斯运河画廊；波洪花拉兹克画廊

1967　格兰欣柏莱许贝尔画廊；柏林威尔忒画廊；米兰马尔各尼画廊；纽约洛斯·费里特画廊

1968　多伦多波洛克画廊；底特律罗伦士史提芬斯画廊

1969　米兰马尔各尼画廊;司都特卡赛那多莱画廊

1970　海牙奥里兹画廊;新泽西海克斯市百年学院;纽恩扣很花拉兹克画廊;干特封克画廊;弗拉堡姆忽夫画廊;米兰圣当特莱阿画廊、马尔各尼画廊

1972　格兰欣柏莱许贝尔画廊

1973　米兰舒伯特画廊

1974　巴黎美堡画廊

1975　莫狄娜市立现代艺术博物馆;费拉拉钻石大厦,罗维列图邦盖里画廊

1976　瓦兰西亚点画廊

1977　米兰旅游宫、马尔各尼画廊、查拉图斯特拉画廊

1978　台北国立历史博物馆、龙门画廊;马德里康定斯基画廊

1979　司都特卡 B14 画廊;马皆拉塔市立画廊

1980　都灵象形画廊;台北版画家画廊

1981　拉斯披齐亚伯朗姆·罗斯曼画廊;台北阿波罗画廊;罗维列图邦盖里画廊

1982　卡坦尼亚艺术俱乐部;柏拉莫卡斯塔尼亚画廊

1983　司都特卡赛那多莱画廊;阿莱格莱港天娜勃莱赛尔画廊

1984　兰特斯艾基狄坞斯画廊;米兰马尔各尼画廊;巴基里亚柏加奴画廊

1985　梅仙娜大学;香港中华文化促进中心;瓦兰西亚点画廊;布迈兰瓦特兰美术馆;台北市立美术馆,与丁雄泉联展

1986　哥本哈根市立展览厅,米兰盐市场画廊,科莫柱画廊,里约热内卢尼梅叶画廊。

美 术 馆 收 藏

纽约现代美术馆、大都会博物馆、公立图书馆;费城艺术馆;罗马现代美术馆;西德司都特卡市立美术馆、莱沃库森市立美术馆、蒙很格拉特巴赫市立美术馆、波洪市立美术馆、克莱弗尔特美术馆、都森道夫艺术协会;美国底特律艺术学院、华桑之玫瑰艺术馆、坎勃雷奇的福格艺术馆;英国卡尔提夫国立博物馆、阿培里司推斯国立图书馆;巴塞罗那现代及当代美术馆;多伦多安大略美术馆;南斯拉夫司考比当代美术馆;圣马力诺现代美术馆;香港艺术馆;台北历史博物馆;意大利马皆拉塔现代美术馆、卡雅利市立美术馆、莫登那市立现代美术馆、弗拉拉钻石宫美术馆、基培林那市立美术馆、圣·基米尼阿偌现代及当代美术馆;瑞士洛桑美术馆;西班牙维亚法美斯当代美术馆;丹麦让德尔斯美术馆等。

萧勤
无题
1959　布上油画　60×50 公分 (巴塞罗那私人收藏)

假如我们称你现在的画是有禅境的画(暂时这样称吧),也就是进入书法情况的画,有很多路子可以走到这一步。譬如,从西方后期印象派的理论里,像由梵高经塞尚到康定斯基,认为光是线条本身便可表现感情,便可发射一种"精神的回响"(Spiritual resonance),这一个美学的据点,很可能引导一个画家走到这一步。另一个可能性,便是纯粹由书法本身的艺术里领悟出来。再另一个可能性,便是通过中国现存的禅画和日本的禅画中出发。也很可能是几种不同的因素交错挑逗出来的,也许还要经过多次长期的考验和思考,中间会有不少美学上的考虑,表现上的试验,我希望可以和你谈谈。

但目前需要先问你的是:在你有艺术的自觉而走上这一步之前,就是你在台湾那个时期的一般情况。我需要从你对当时的了解里试图探测一些发展成现在趋向的蛛丝马迹;我也需要对当时绘画的历史环境有一些"内情人"的认识。

是不是我个人的意思?

你个人的和"东方画会"的。当时画画你们碰到一些什么困境,你们对画坛上一

萧勤
太阳
1965 纸上墨水 57.5×81.5公分

些不满的东西是什么？你想追求的是什么？你的朋友当时的绘画理想是什么？你能不能先谈这方面。

我是从后期印象派开始的。后来碰到李仲生老师，他教画画，主张个别个性的发展，对我们大家有很大的影响，很大的启发。他能够知道我们每一个人的潜在特色，潜在倾向，帮我们把它提升出来去发展。这个教法对我个人对东方画友都有决定性的启导作用，这不能不说是我们的幸运。因为我一开始，很快便已经尝试从自己的道路上去探讨。

有人或者会问：艺术基础是怎样打下来的？或者问，艺术的基本训练是什么？学院的基本训练和创作的基本训练是不同的；李仲生启发的是后者。学院的训练就是设一个既定的模式，要大家对着这个模式，用眼睛和手去做。创作的训练，一开始便要训练眼睛、脑、心、手四方面，也就是说，一个画家应该不但用眼睛去观察，还要用脑去想，用心去感受，才用手表达出来，和学院的训练——依老师之言，不经过脑和心，依样画葫芦——是有很重要层次的分别的。这点我特别要强调。我想许多中国画家的失败，原因就是缺少了脑和心。

至于我自己风格的发生，在台湾时，可以说我的风格尚未成形；这倒是我到了国外和西方艺术直接冲击后才转化的，才对中国的思想和中国的艺术发生浓厚的兴趣。不过在台湾时已经有了一个楔子，就是李仲生先生的庭训。他经常跟我们讲，做一个中国的现代画家，应该融和中国传统里的精华，用现代的艺术方式去表现。这句话说来似乎笼统，但却是很重要的。这句话也许可以通过一些历史的发展来说明。一九二〇年代，一个日本画家藤田嗣治，在巴黎艺坛获得了很大的成功。他把浮世绘的线条融汇到西方的油画里，形成一个很特殊的风格。这个做法给许多后来的东方画家都有很大的启发。当时还有一个现象，巴黎派都是由外国人形成的，有日本人藤田嗣治，有西班牙人毕加索，有波兰人基斯林格，有意大利人莫迪里亚尼，有罗马尼亚的犹太人苏丁。这个说明了二十世纪开始的时候，西方现代的画坛已经放弃了所谓西方古典传统这个观念，他们更强调个人的创始，个人的根源，各个人的文化根源。这个个人的根源，不只是欧洲或者是西欧的根源，而且也是来自各地不同文化的根源的融合，也就是说，这个现象表示他们打破了西方古典艺术的正统性。所以说，如果在思想上只讲求乡土的话，便似乎浅狭了一点。我觉得因为他们开始容纳了许多其他非西欧的思想，所以现代艺术得以灿烂的发展。这是原因之一。

藤田嗣治在日本曾经指导过李仲生，李仲生就用这个方法来指导我们，就是个性的启发。李仲生同时强调把中国艺术或中国文化思想的特色带到世界的艺坛上。这个理想也可以说是以后东方画会形成的主因之一。另一个原因是：当时无论在台湾或是大陆，传统的势力非常大。中国一向是个非常保守因循的民族，新创常被视为异端。做什么都要引经据典。在艺术上时以仿某人仿得似为荣。这也很可能是中国没有一个真正的文艺复兴的缘故。西方的文艺复兴，把人的本位价值大大地提高。中国至今还没有经过这样的洗礼，人文的价值还没有真正被尊重而直接地影响到艺术的创作。

这话自有一定的道理。我想知道的是更具体的过程。求新的趋向，当然不是因为一个老师的指导那么简单，虽然这样一个老师自然也很重要。求新是因为旧里有了问题，或它不能满足你们表达上的需要。在你们那个时候，对于旧传统里的问题，你们发现了什么必须要革新求变的？

或者应该这样讲。旧的东西里，中国古代的艺术里有许多精彩的、了不起的作品，是中国文化的精华；但另一方面，旧的传统里也有保守固执的东西。保守固执是一种虚假，是文化精华的表面形式保留下来而误认为精粹。清代以来可以说一直如此。任何一个时代的精神都应该是现代的、具有创新性的，这个时代才有个性与推进。如果我老是保守，老是抱着祖宗的脚不放，而不问祖宗当时为什么要那样做，我们的艺术便已经死掉了。这也可以说是我们创办"东方画会"的主因。我们被人家称为"八大响马"，就是说我们像强盗那样欲反叛当时中国艺坛的状况。

我们认为自明清以来，便很少有真正具创造性的画家，也许除了石涛、八大、一点点扬州八怪。这，对我们自称有五千年文化的大国来讲，是很羞耻的事。当然我们不敢狂言我们有资格去担当这一个新时代的任务；但如果没有任何人来做，中国艺术的新生便永不会发生。

中国的现代艺术一点小小的开始，大概是一九三〇年左右开始。一九三二年上海创办了一个决澜社。那个社的作品比较接近野兽派，比西方迟了三十年。后来在重庆抗战的时期，有一个"独立美展"的产生，也是接近野兽派的。只有李仲生在当时有一点点接近超现实。其后因为抗战，艺术便没有能够好好地发展。我们应该可以这样说，真正有构意的现代中国艺术是在台湾一九五七年左右开始的。那时候"东方画会"和"五月画会"都相继地创办，可以说是现代艺术推动的第二代。

你们当时有没有一个"宣言"之类的东西，我不大记得。

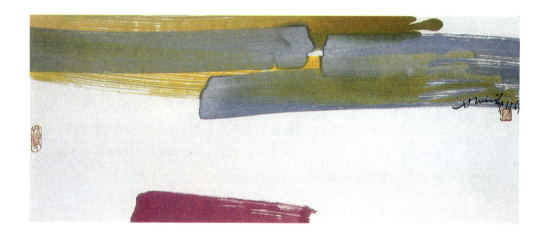

萧勤
1967 纸上墨水 37×115公分

我也不记得了……

没关系。就你对"东方画会"各人风格上大致的了解,你们用什么方式来针对过去的、旧的、固化的形式主义? 你们用什么方式来和"五月画会"作分庭抗礼的发展? 你们有什么独特的分别?

我们当时都很年轻。讲起风格,那时的"东方"在一九五七年左右已经有几个人搅抽象画了,而"五月",据我所能记忆,那时大致上仍在后期印象主义的阶段。"五月"倡导水墨抽象已是几年以后的事。我可以说中国第一个画抽象画的是"东方画会"的陈道明,虽然他现在已不画画了,他一九五三年便尝试画抽象画……

陈道明不继续画是很可惜的,我还记得他在香港第二届沙龙(一九六二)得奖那张画,当时是很震撼同好的。

是。他一九五三年画抽象画,还比赵无极早了两年。赵无极早年的一些静物、风景多半受了保罗·克利的影响。约在一九五五年前后他才在画里引进了钟鼎文造型味道的抽象画。陈道明之后,萧明贤也在钟鼎文那类古代文字中寻求抽象的趣味。李文佳约在一九五四年加入。我自己在一九五五年左右也开始做抽象的试验,也曾受保罗·克利的启发,用些比较粗的线条。

当然,抽象画并非现代艺术唯一的主流,但却是一个重要的主流。我们作这种探求,是因为传统中国艺术里有很多丰富的抽象性,从书法、金石开始就是一个非常抽象的东西,有很多抽象的美。当然,我们那时年轻,没有什么经验和修养去真正研究它们；但我到了国外后，它们对我研究艺术的指示是决定性的，一直到今天为止，我大致上还在走这一条路。

当我初到西班牙真正受到西方文化冲击的时候，我才发现中国文化的深厚，里面有很多好东西。那时候正是欧洲非形象主义盛行的时候；非形象主义有很多自由表现的地方，我觉得正可以融合一些书法的手法。我初到欧洲的尝试是这样。当然那还是形式上的试验，后来觉得形式上的试验无法满足我个人的需要；形式的后面需要思想去支持。我慢慢便朝向中国哲学的探索。不是做学问考据那样，而是从认识上得到启示。

我来插一句话，换个方向来看这个问题。约略在同时，我们在文学里有所谓"认同的危机"和所谓"放逐的意识"。当一个人离开了本土文化，离开了本土文化的中心，到了另一个文化的环境里，会产生几种情况。首先，他无法在眼前的新文化里从根地得到完整的意义，他甚至觉得是支离破碎的。在这种情况下，他会试图从自己的文化里找寻一些统一的方式，加诸新文化上，或解释新文化的一些现象。如此，他往往会注意到本国文化里以前不大注意的东西。举语言为例，一个放逐在外国的诗人，以前原是写纯白话的，此时忽然会对旧诗及文言发生很大的吸引力。在事物方面，在国内是满街可见的东西，他以前视而不见，现在反而特别注意起来，而且发生很深的情感和发现了新的意义和表达潜力。这里头还暗藏了正负两面的影响。正面的是对传统的真质有新的发现，负面的是对旧有的东西不分好坏地恋栈。

从这个角度来看，作为一个画家，一个对西方有了解的画家，你到了外国以后，看到了抽象画而想起了传统的东西，这个再认过程中的思索与反省是怎样的，

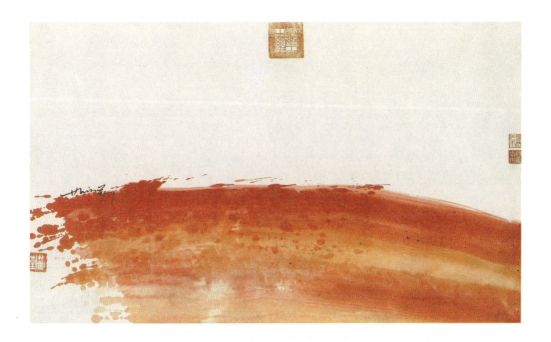

萧勤
海涛之七
1979　纸上墨水　87×137公分（台北市·李亚俐收藏）

萧勤
禅之十五
1977 布上墨水   88×138 公分

萧勤
气之一三六
1983　布上墨水　129×202 公分（米兰私人收藏）

你可以讲一讲吗？

你所说的情况，对一个画家而言，是完全一样的。我初步在形式上的试验而必须要进入传统哲学的探索，也可以说由负面进入正面的走向。中国思想派别很多，不用我说。我当时选择了道家。我对道家的兴趣是在它的无为、淡泊、拿得起放得下的逍遥态度。这也许与我的个性有关。我对道家的认识，不是考究式的；我只是要把那种感受、态度，尝试用我的造型方法在画面上翻译出来。我不是去刻意画禅画道，而是道家的思想影响了我的人生态度以后，我让那种感受（而非思想）发挥出来。

这里牵涉到一个比较复杂的问题，那便是一个思想或态度"如何翻译为形象"。这个问题讲是很容易的。用文字怎样去表达？用画面怎样去表达？光是说"空灵"是不够的。留空就是空灵吗？在这个表达层次上，如果一个西方的艺术家在理论的探索上提出了一些类似的角度和方法，他能不能走进中国的道或禅境呢？中间会有什么困难？譬如克莱因、马瑟威尔、托贝，都曾应用了书法的线条，但事实上，他们和中国人的用法，中间是有分别的，倒不完全是他们从来没有拿过毛笔的关系。对一个画家来说，拿毛笔去模仿线条恐怕不是很困难的。但二者之间有显著的区别。

现在让我很简单地勾出西方现代艺术理论一个可能的发展。让你作一种反顾的说明。我在开始时说：从西方后期印象派的理论里，像由梵高经塞尚到康定斯基，有一说是认为光是线条本身便可以表现情感，无需借助外形，便可以发射出"精神的回响"。（这说法虽然在古代宗教画里也可找出源头，但成为一种推动力的却是在近代。）

对,这确曾是很大的推动力,它打破了西方古典的依附物象的传统。

这条线的发展,是可以走上纯线条的表现的,亦即是用两三笔来表达一种感情的做法。在你的回顾里,在你欲表达无为、逍遥之际,在这条线里有没有得到特别的启发?

我应该这样说,现代艺术的创作意识,必须先从了解个人开始。他要尽量思考与开拓自己的世界,自己内心的世界。不了解自己、自己的感受,便无法找出自己的道路。在李仲生先生的指导下,我一直在对这个问题思索,尽量要了解自己,从个性上,从哲学上,甚至从神秘主义的立场来了解自己。像高更一样问:我从哪里来?我到哪里去?我到这里是为了什么?这是我探讨我自己来龙去脉的一个方针。心理、哲理、文学、宗教,只要能帮助我了解我自己的,我都有浓厚的兴趣,我甚至对我的前身都曾设法了解。我曾看过印度和西藏的一些神秘的哲理书。但道家、佛家(尤其是禅宗)对我的启示最大……

我要问的是:这些哲理,包括禅、道,究竟给了你什么样的"眼睛"? 你懂不懂我的意思?

我懂你的意思……这些哲理帮助了我的人生观的形成,我人生观的具体形式的形成。那么我的人生观是怎样的,我的画便是怎样的表达……

我问的是相当重要的问题:由信仰到生活,在生活上譬如你采取了"淡泊"的态度与方式。好。但你是个画家。作为一个人,你可以不表现,而且不表现可能更接近"淡泊";但你要表现,便得切切实实地把它翻译为形象,你如何翻法?

我在一九六〇年对道家有兴趣的时候,我绘画的颜色就变得很少,几乎只用黑白来画,或其他淡泊的颜色,也利用白色的空间……

这样说才接触到我的问题的核心……

线条的应用与其说是书法式的表现,不如说让它们自然而然地流露出来——流动——流露得越自然越好。这是我当时的想法,甚至也可以说是我现在的态度。很多人以为老庄一定是出世,其实不是。无为逍遥,对我来说,是任线条很自由地挥发。

你说无为、逍遥、自由、流动,其中有多少 Chance elements,"机遇元素",有多少刻意控制?因为这关及你整个观念态度到画面结构。我想有些人不会了解你的画。画面上画一个圆、画一个三角。会说你是故弄玄虚。显然你是另有所说明的。你的画中有多少的"机遇元素"、多少的"即兴"是一个重要关键性的问题。

在一九六〇年时代,我对这方面还没有深刻的了解。我只想求一种很自由、流动性的表现、空灵的流动线条的表现和用淡泊的色彩。现在回头看这些画已经觉得肤浅。后来等到我看了一些禅宗的东西,我已觉察到那时的"刻意"。禅宗使我了解到不要去做什么刻意的东西。在接触禅宗之初,我画了一些圆、三角、方块之类的东西。在历史上,尤其是日本的禅画有过这样的形式,中国除了梁楷几乎可以说没有什么类似的表现。

我在第一个问题里,特别提到日本禅画可能引发这个走向,也就是因为日本禅画确实做过不少这类的表现。

萧勤
伸入
1963　布上墨水·压克力　60×50 公分(米兰私人收藏)

对,我觉得日本人在禅画的表现要比中国人研究得深刻一些。可是在我试探了这类造型的可能性后,渐渐开始觉得它们过于造作。因为禅宗思想是一种直见心性自然而然的流露,我便尽量想让自己的感受不受任何拘束地放入画面,尽量不经主观刻意的追求。我不知道我这个解释你能不能了解。我不是去做一种构图上的打算,不是去做一种美学上的探讨;这个对我已经不是问题了。我有时可能有一段长时间不画画;我自己的冥想和心里、内里这种探讨有时候比作画还重要,等到一种需要来时(或说是灵感来时)我就画,我一次可以画很多很多。开始时也许还有点拘束,还会想什么工具什么颜色会有什么满意的效果的问题;但画了一阵以后,我便把开始时的画淘汰。进入了情况以后,我完全不再考虑这些问题,而发觉愈不考虑情况愈好、愈满意,愈觉得是一种人的精气透过了我这个人作为一种工具被翻译出来了,并不是我呈现了"禅""道"。

从你创作的角度来讲是如此。但从客观的、历史的立场,这问题恐怕复杂些。你说早期用书法、钟鼎文是比较刻意,后来便变得不刻意,达到了自然的不自觉的活动。但把这不自觉的活动翻译到画面之前,其间是不是有一个极微艺术 Minimal Art(一译"极限艺术")的阶段。这个阶段的画是不是一个催化作用。如果我们把你的"极微艺术"和你现在的画并排起来看,使人有怪异的感觉。你的"极微艺术"是有计划、纯理性的产物。

对。画面看来确是如此,但并不是纯理性的。西方的"硬边"技巧和"极微艺术"是理性结构升华以后的走向。对我来说,还是直觉的造型……

事实上,这个在我看来仍是纯理性的产物,但它确使你走向后来的直觉……

我那段时间的经验,是把一些不需要的包袱过滤掉了。是一个过滤的阶段。过滤后我才能完全开放,是不是已经完全开放我不知道。

我猜在这个重视自然流动的阶段里,你已经无法回到"极微艺术",因为那东西基本上与你求自然相违。

甚至"极微艺术"对我来说都太刻意。

当然是! 有趣的地方就在这里。这两者之间存在着什么样辩证的关系? 其一,可以说就是因为它刻意所以你走向不刻意。其二,可能是更重要的关系,是:这二者有没有相通的地方?这个问题可能进入较玄的哲理。试借中西两个美学说法。中国有"不著一字、尽得风流"(发展自道家中"无言独化"理想里的"得意忘言")和西方的 Poetics of silence(所谓"静的美学",静本身是美的主体的一重要部分。在西方对音乐对画都有影响)。

后者是不是受了东方的影响?

有一点,但也有西方的根。这个历史颇复杂,我另外在《道家美学论要》和一篇论超媒体的美学论文里有谈到。这里只想举马拉美的美学为例,在他不满于语言的局限性的同时,企图使语言文字在"空无"里创造一个纯美的世界(在这方面,他曾受部分佛教思想的启示)。但他追求的"空"与"静"的另一来源是柏拉图所提到的宇宙运行的"静的音乐",所谓"天体的音乐"。我们在这里不谈历史,只想指出,不管是中国的"无言",还是西方的"静的美学",都是把"静"、"无言"、"空"变成很重要的东西,换句话说,便是把"负面的空间"Negative space 提

萧勤
气之二五〇
纸上墨水　102×168 公分

萧勤
1964　纸上墨水　30×60.5 公分

升为美感凝注的主位。我觉得你的画里有这个东西,也许你还不是自觉的。西方的画家,包括前述的几位,都没有做到。说线条可以表现感情,他们是从"实"的方面进行,是从有形,不是从"虚"与"无形"。中国这个重无形的美学观念有其独特的丰富性。

这个不说话的话(画)可能比说出来的话(画)更重要,所以禅宗无言……

可是用了文字、用了形象,就不是完全不说。

对。

如此说来,有一点可能与"极限艺术"衔接。

有。

"极限艺术"的意思是:与其全部画出来,反不如用一点点来反射更大的空间。在你的画里,你怎样去把握"静",把握"空白"?在画的时候和画完之后,你怎样去选择?

选择是理智的;但画的时候不是理智的。我前面说过我画完以后往往选择不刻意完成的画而觉得满意。

我的问题是比较专门的。选择自然还含有处理的意思。我们常说:处理好。"处理好"是什么意思? 是空间的比例吗?

是整个综合的效果。我也很难说是空间处理好，是颜色处理好、整个看起来顺眼。对我来说，往往是不拘束、放得开时、情感最自发时的作品最顺眼。

顺眼不顺眼，线条、气氛、造型，这实在是美学上的问题。一个西方人看来顺眼的和东方人看来顺眼的有时是很有分别的，因为他们构图的意识来源不一样。

但有一个整体凝合，对不对应该明显在那里。

你的话里面有一个假想。你认为某一张画具有整体的凝合时，不管东方人西方人看这个凝合都会觉得对。这个假想有点危险性。其实，一个纯粹西方训练出来的人，没有经过现代洗礼的话，看了很多你的现代画的凝合方式，是会质疑的。

会。

可是东方人看了可能不会。

一样会。

假定看的人是对东方艺术精神有较深认识的，而不是一般的观众。

这里牵涉到看画的方法。很多人是带看文字说明性的习惯来看画。我常常请他们花五分钟的时间，什么也不想，面对一张画，让画的视觉语言抓住他。我发现，他这样看了画以后的感觉往往跟我的感觉是蛮接近的。

我来试说说。我们要表现一个感受，可以使它直线发展，如借用一个故事，依赖一个思想。但也可以把时间停下来，完全停下来，作深入的凝注，把一个"瞬间"扩大。一个瞬间被停定扩大以后会引起一些什么效果。冥想是一种。时间空间化是一种。这样的一个瞬间最容易引起抒情的质素。所以说，大小比例，是一种想法。对画家来说，大小比例只是形式主义。要越过形式主义，便需要进入比较强烈深陷的牵涉。

我刚才就想打个比喻。禅宗的空，不是完全不要的空，而是经过提炼的空。就是说，空里要有一个充实，不然就变得和儿童一样了。

我说"负面的空间"变成凝注的主位，也就是空而为实。画里的一点黑，反而是附从的。白才是重要，才是主体。

在艺术的精神性上面说，也是这样。如禅宗所说：心性经过许多提炼而还原为空，把自我忘去。那时你已跟大自然跟宇宙一切的东西都合而为一的时候，你全部已有，然后你才空。

可是艺术的感情就是这么奇怪。照讲要求空，你就不要画了。可是艺术一定要"说些什么"、"呈现些什么"……

所以禅宗比道家还要肯定。因为道家比较退隐。

真正的了解并非如此。也许应该这样说："空而求现""寂而发言"，是在思想意义的边缘颤抖。一张画、一首诗，把观者读者带到意义的边缘欲言而止，在正想说许多话的时候而没有说出来。我觉得你的画,在成功的时候(当然也有不成功的时候),也应该是这样一种境界。所以说,有些地方跟"极限艺术"是接得起来的。

这个形容非常好。

我想问你一个有关音乐的问题。

很自然的,我出身于音乐的家庭。虽然父亲(注:名音乐家萧友梅)早逝,未获陶养。但我始终喜欢音乐。

我觉得你有好几张画只能用音乐去解释,如在《胜利之光》杂志上那张横条的禅画,很特别。几个斜行不一的笔触,使得观者不得不把未画的地方融合在整个感觉里。这里有一种活跃的跳动性,所以使我想起音乐。

是一种 Vitalization。

事实上使我想起"小蝌蚪"那个卡通,每一笔书法构成的蝌蚪所活动的律动。

我只是依着自己的感情的波动而画。

关于音乐,我只想提出两点。很多人只注意到"音",而不注意到"寂"。"寂""休止"其实是音乐的身体的很重要的部分。"鸟鸣山更幽","鸣"而指向了"幽",可见二者的关系。第二点,是音乐如何表达感情的问题。我们实在不能说某一组

萧勤
昂然
1962 布上墨水·压克力 70×60公分(米兰私人收藏)

萧勤
大黑云之二
1985 布上墨水·压克力 128×202 公分(瑞士沮利克 Wirth 氏收藏)

音是忧伤的，某一组是愤怒的。嵇康说：音无哀乐。近人朗格说：音乐不是要表达情感而是要表达情感的生态变化过程。

抽象画也可以说是感情的生态变化。

可以这样说。在音乐里，同一个曲子会使人觉得快乐和忧愁，正是因为，在某一种情形下，快乐和忧愁感情的波动、跳动的过程很接近。音乐要抓住的就是这个生态变化的过程。从这个角度来看，绘画也可以和音乐接头。

再换一个角度来问你：印象派之被称为印象派，其中一个倾向是打破了传统的 framing（即讲究包括什么东西在画面上），它主观地很快地把握住一瞬间掠过的事物的印象，如果该瞬中看不到那个人的脚，画面上便亦可以没有脚；其次，它把握住该瞬间强烈的印象（如强烈的色彩）而不顾及细节，尤其不必顾及明暗对照法。印象派以前的画，往往为了所谓"完全"，而把该瞬之外的事物都纳入画面内，印象派有一部分的做法，便是以该瞬强烈的感受形象为结构的依据。在这一个层次来说，在你那本 Maestri Contemporanei：Hsiao（Vanessa 26）的一些画，像一些"力"涌到或涌出来，你就把它们抓住，只把那"力"的强烈的印象抓住，"力"的来源、环境，都在画面之外。虽然你抓到的"印象"和印象派从客观世界光影下抓住的"印象"不同，其"抓"的形式与程序都很接近。

那一系列的画叫做"气"。但印象派和我似乎不一定有关。你说的可能是莫内后期的画……

我目前说的不是"肌理"的问题，而是抓住印象的方式。

但印象派也有很科学的一面。

你指的是点彩派。把颜色分析重组。但在表现主义的发展下，不管是通过野兽派还是塞尚，都增加了较激动的元素。我转到印象派的"抓"物程序，原是想引出一个解决结构的问题。你一直都强调"不刻意"，这也许与你选择水墨有关……

不是水墨……

对不起，是水质的油。不管怎样，是近于书法性能的材料。水质的油是比较易于达到你要求的自发的流动性的；油画则比较困难。但你有一组小画，是"蚀刻画"，有点书法的形状。但用"蚀刻"作画，来要求自发的流动性，如何可以获得？"蚀刻"是讲求先计划、然后细工操作，这和你用水质的油操作不是有些冲突吗？

"蚀刻"的作法有许多种。一种是直接用酸在版上操作。另一种是用蜡把版面涂起来，然后用汽油或柴油去把蜡化掉里面找"肌理"。还有一种是在版面上先用糖或者tempera（水和蛋黄调颜料）画上再涂蜡放在酸里腐蚀……技巧繁多。

就是说"肌理"的成形是不刻意的？

在版画里当然是比较刻意的，这是没有办法的事。

所以那"抓住强烈的一瞬"的做法，可以避过刻意与不刻意的问题。

刻意不刻意的问题，打个音乐的比喻。你要做一个需要乐队来演奏的曲子，你要再即兴也要经过乐队的处理或经过指挥。现在许多作曲家,用乐器直接自己作,马上录音,便比较直接。

经过这一番探讨后,在你经过了几个阶段的自觉,而找到了表达的气质和方式。现在对中国传统艺术作一种回顾的了解。你能不能给我们说一说传统画给了你什么东西?或者说,在里面你发现了什么东西,特别好的?同样的,我希望你也讲西方方面。回顾,对你或者对中国其他的艺术家都有启发性。

我觉得中国画中传统的精神文化有很多丰富的宝藏。我之所以用"精神文化"这个词,是因为中国的传统国画,是一个非常精神性的产品。中国的传统画,不是写生。"写生"这个观念,是一些很学院的人对西方传统艺术的误解所引起的毛病,像徐悲鸿。我要强调这一点。徐悲鸿虽然是中国近代很有地位的艺术家,但他个人并没有深刻地去了解中国传统的艺术,也没有深刻地去了解西方传统的艺术。他只是把中国传统艺术里一些用笔用墨的技巧和西方画中的阴影——打光线的这种表面的学院观念配合起来制造一张画。那么他的观念里,可以说没有中国精神性的精华,也没有西方造型性的精华。这样做法把中国画肤浅化了。中国国画,是经过许多精神的陶冶、静思、深刻的观察和反省升华,再经过很深的提炼才画出来的;它绝不是一个画家站在一片风景前,这样那样抄袭而成的东西。这是我自己的感受。中国巨匠的画之经得起看原因也在这里。写生是很肤浅的东西,没有经过大脑,没有经过真正感情的提炼,不能算是艺术创作,只能算是习作。我要强调这一点,因为中国传统艺术是非常唯心的,我指的是陶养、静观与提炼。

说到西洋艺术,与其说是在造型上,还不如说在观念上对我的影响来得大。从

萧勤
旋风之四十五
1985　布上压克力画　112×186 公分

文艺复兴以来,人文主义的发扬跟人本位价值的提升,对艺术表现与创作有极大决定性的影响。从十九世纪末到二十世纪初,是一个非常讲究个人独创的时代。所谓个人独创,就是艺术家能够以个人的感受、个人的观点、个人的生活体验等来形成他创作的道路。这条路当然是非常广的,不受任何传统美学形式的限制。这一点对我的创作有决定性的启发。如果我没有经过西方自由创作观念的启示,我也不可能想办法融合中国传统艺术和哲学的精神,透过形式去表现。因为现代艺术给了我们很大的自由,这个自由不是率意而发的意思,而是有选择性的,要自己能创出自己的路来。说起来容易,做起来很难。学院的情形是:人家已经给你把路指好了,你只要循规蹈矩跟着做便可。学院和自由创作最大的分别就在这里。所以一般人,就有从学院去了解的危险,去说西方艺术注重解剖、注意透视、注重造型。这些其实都是一些表面的东西,而不是后面深刻的人文主义精神。

我想提出一个比较尖锐的问题。你说,西方给了你人本位的做法、了解,使得你有独创,使得你能在多样化的表现中建立纯然是你自己的声音。可是,这不是跟传统,尤其是你所属意的道家的传统的看法有冲突吗?传统讲究"无我",讲究把个人融入更大的东西里面。一者注重个人独创,一者进入无我的境界,中间如何去调合?二者是不是一定是冲突?

第一点。中国传统不一定完全无我。儒家思想、墨家思想都不是无我,对不对?其次,就是在道家和禅宗的无我思想,也不是把我完全消灭掉的意思。这里头有一个还原过程,是经过提炼的,把我提升到把小我去掉而融入一个宇宙的大我之中。禅宗里有一句话:无心即是宇宙,宇宙即是无心。如果能到此意境时,就是真正达到无我的境界。那时一个我可以包含一切,而一切也是我的意思。

所以我想没有冲突。

让我问你：现代西方走的是表现主义，表现主义的个性是……

是我，非常我。

表现主义走到极端时，可以是"唯我论"。我要怎样就怎样。西方可以走这一条路。事实上，西方艺术里走这条路的人相当相当多。所以我刚刚问你，西方给你的东西里面，是否要分辨这一点？

这个"我"在我的创作里，先由自我认识，由强烈的我之后，才达到无我的境界。而不是说，求一个强烈的自我而与无我相违。我觉得一个人在去掉"我"之前，必须先对"我"有认识，才能去掉。不然去掉什么呢？

对。可是我以为西方对"我"的了解我们必须要分辨。照我看来，西方给我们的，如果能兼及东西两方的角度来看，有一个好处，就是对"无我"更了解。即是说，对西方的"我"（个人主义、唯我论）有了了解，才明白"无我"的肯定意义（无我绝不是逃避主义！）。可不可以这样说：在你的画里，是这两样东西的一种平衡或者协商？

西方对"我"先启发之后，我反省，然后提升，可以这么说。

不然便很危险。

对的,你问得很细腻。

要明辨。现在我转向实际的情况。代表了东方精神的画家和代表西方观念的画家,其呈现出来的作品,有哪几位你认为对你有感染的? 请提一些。

我只能说我个人的爱好,但我也不能说这些画家对我的理论有什么影响。我爱好的可从王维开始、南派文人画、米芾、梁楷、石涛、八大等。

我能不能说你基本上不会喜欢北宗。

我确实不喜欢。我觉得那些画都太刻意。

董其昌更不用说了。

是是。

赵孟頫呢? 他比较有一点表现主义的趋向和处理手法。

我觉得他太罗嗦,但有一位金……

金农吗?

似乎是。

萧勤
旋风之十四
1985 布上墨水·压克力 40×60 公分(米兰马尔各尼画廊收藏)

那一代的东西比较有表现主义的风味。我刚刚说,由于了解了西方的"有我"和
"独创"的关系,而对传统的"无我"有了更新更肯定的认识。如果我们现在去看
石涛、扬州八怪。(他们当然是大家。)但我们会不会带有西方表现主义的眼光
去看,而另有所求呢?

可能。

这也是我们对传统做新探索的途径之一。虽然我们最后走不走是另外一回事。

我以为艺术是相通的。不管中国画西洋画。如果了解艺术的真义都是可以通的。

我们对书法的了解,传统里有许多评说,自有一套完整的美学根据。但通过了
西方新艺术的眼光,有些过去我们不太注意的特色,我们忽然会加以凝注。譬
如说,每一笔本身都可以是一张画。过去不大会这样看。

对。我尤其陶醉怀素的书法,那简直美极了。

因为事实上,它本身是一种舞,一种旋律的跳动。可是对这个观念的加强,往往
要和西方比对之下,才注意到:西方的"线本身可以表达情感、可以引起精神的
回响"事实上在书法里已经完成了。

我们中国有这么多丰富的遗产,而不能像日本人那样发挥出来。日本的书道,
我觉得能够把中国字的美发挥出现代的意味。我们应该参考。

我们知道，西方人对西方现代画的评价，总是按照它从西方传统中的关键去看。在你，作为一个东方人，看西方的现代画，应该和西方的艺评家看法不同。你能不能在这方面发挥一些意见。你可以举几个你喜欢的画家为例。

我个人比较喜欢的，早期的有克利、米罗、康定斯基、马列维奇、蒙得里安；后期的有罗斯柯、克莱因、莫里斯·路易、诺兰特、马克·托贝等。

你回想一下。你对他们的喜欢，是因为他们有所突破，还是……

这个我是很主观的。可能在某一方面与我的感受性接近。

这种感受性有多少东方色彩？

因为西方二十世纪初打破了正统传统之后，便开始接受各个民族国家的艺术与文化，并加以承认。有许多画家，尤其在战后，吸收了不少外来的文化，尤其在美国。以加州派为例如托贝和山姆·法兰西斯等，都很早便接受了中国书法的抽象性。后来的行动绘画（Action Painting），也是直接或间接受了东方的影响的。罗斯柯这个人，他的画我特别喜欢。

其实我前面提到把一瞬间的时间停顿下来，我心目中就是想着罗斯柯。罗斯柯的画很抒情，由于他把一瞬作了无限空间的延展，无形中把观者放在空间化的一瞬的中间，让你慢慢冥思遨游。

对对。

所以我说在这一点上，虽然你和他的造型不一样，在精神上，在静境上，你们二人很接近。可不可以这样说？

对，可以这样说。我很喜欢罗斯柯。受一个画家的影响，不一定在造型上。二十世纪的画家中，事实上我最喜欢罗斯柯，但我不一定画得像他。他给我的启发很大。

我想精神性接近这一点较为重要。因为很多人看传统的画、西方的画，往往只注意到空间的结构。空间的结构的讨论不大困难，因为它比较表面化。如马远的"马一角"，好像只要把重点放在一角即是。但事实上没有这么简单、这么浮面。好的画家，好的讨论都必须要超过造型的表面。

最后我再想问你对油、墨或水质的油的表达功能。你都用过，每一样对你有什么启示？

我觉得一个艺术家表现的素材，也是一个民族性必然的结果。有人说西方的民族，是动物的民族。东方则是一个植物的民族。我蛮赞成这一个比喻。东方之没有油彩，想跟植物性有关。而西方的油彩，想跟动物性有关。东方比较静态，比较平和、空灵。我开始用油画，想在画里找这种感觉，但受到了限制，我再怎样放得开，怎样用自由的画法，总是办不到。所以后来干脆放弃了油而改用水性颜料就是这个原因。中国的毛笔的"感受"是西方油画的笔所没有的。

我觉得西方的民族性，建筑性很重；油可以慢慢地建。中国人不大讲究外在的建筑，这恐怕最后跟"气"也有关系。用油，老实说，有时很容易走入人工化。

萧勤
旋风之六十三
1985 布上压克力画   70×90 公分（米兰马尔各尼画廊收藏）

对。也可以拿南北宗来比较,南北宗虽同用墨。北宗灵性差多了,是因为他们注重制作性,如颜色层叠等。南宗比较即兴性多些。

王无邪画中的传统与
现代的交汇与蜕变

资料篇

展 出 年 表

1959　香港英国文化委员会主办个展

1960　第一届香港国际绘画沙龙

　　　香港艺术节现代文学协会联展

1961　巴西圣保罗国际双年展

　　　纽约麦迪逊画廊季展

1962　第二届香港国际绘画沙龙

　　　台北"五月画会"年展

　　　越南西贡国际艺术展

　　　美国田纳西州诺克斐尔全美素描水彩展

　　　美国福特汽车公司"俄亥俄州风景"展

　　　香港艺术馆"今日香港艺术展"

1963　美国俄亥俄州哥伦布市美协年展

　　　美国明尼苏达州圣保罗艺术中心全美素描巡回展

　　　美国俄亥俄州哥伦布市公立图书馆个展

1964　第三届香港国际绘画沙龙

　　　美国马里兰州巴尔的摩市美术馆年展

1966　香港大会堂展览馆个展

　　　菲律宾马尼拉中元画会展

1967　香港大会堂展览馆中元画会展

香港艺术馆"音乐美术节"香港艺术展

1968 香港艺术馆中元画会展

1969 香港艺术馆当代香港艺术展

1970 日本大阪博览会香港馆当代香港艺术展

1971 香港艺术馆主办"今日香港艺术"巡回英国展

纽约诺特尼斯画廊"当代香港艺术"展

1972 美国加州圣地亚哥加州大学中国节艺术展

美国印第安纳州艾文斯斐博物馆"今日香港艺术"展

美国加州巴沙甸纳亚洲太平洋博物馆"今日香港艺术"展

香港艺术馆"当代香港艺术"展

1973 澳洲墨尔本卓普曼画廊当代中国画家五人展

纽约国际童玩集团主办"一九七三年画坛新秀展"

香港怡东酒店画廊香港水墨画展

1974 香港艺术节当代香港名家展

1975 香港德国文化中心主办个展

台北省立画廊年展

香港艺术节当代香港名家展

香港艺术馆当代香港艺术展

1976 香港艺术节"艺评家之选择"展

香港艺术中心"回港艺术家"展

香港大学冯平山博物馆"艺展七六"

1977 香港艺术中心"第一选择"展

香港艺术中心香港名家展

香港艺术馆当代香港艺术展

1978 香港艺术中心"第一选择"展

香港集一画廊"画笔之外"展

香港大学冯平山博物馆"艺展七八"

1979 香港艺术中心"三人素描"展

香港艺术中心"第一选择"展

香港艺术馆主办个展

1980　加拿大多伦多许氏画廊个展

加拿大多伦多八〇年艺术博览会

香港艺术中心"第一选择"展

1981　香港美国图书馆主办个展

香港大会堂展览馆"黄山行"画展

香港大学冯平山博物馆"艺展八一"

日本东京"今日香港设计"展

香港艺术中心"艺坛精英"展

香港艺术中心"第一选择"展

香港大学艺术委员会香港艺术名家展

1982　台北版画家画廊个展

中东巴林亚洲艺术展

美国俄亥俄州辛辛纳提大学香港艺术邀请展

菲律宾马尼拉大都会美术馆香港艺术展

西德汉堡亨宁画廊香港名家展

台北省立历史博物馆国际水墨联盟展

香港美国图书馆四人画展

1983　香港艺术馆"山水新意象"展

香港艺术中心"二十世纪中国画新貌"展

香港艺术中心东西画廊主办"自然的情怀"展

马来西亚吉隆坡第二届国际水墨联盟展

美国明尼苏达州明尼阿波利斯市许氏画廊个展

台北市立美术馆中华海外艺术家联展

1984　香港大学冯平山博物馆"艺展八四"

香港艺术馆"二十世纪中国绘画"展

香港艺术中心香港艺术名家展

美国明尼苏达州明尼阿波利斯市美术馆百周年纪念珍藏展

香港艺术中心"第一选择"展

1985　加拿大卑诗省维多利亚美术馆"二十世纪中国名家"展

　　　　美国明尼苏达州明尼阿波利斯市犹太社区中心东亚艺术展

　　　　美国明尼苏达州明尼阿波利斯市许氏画廊个展

　　　　香港艺术中心"水墨的年代"展

　　　　美国明尼苏达州明尼阿波利斯市许氏画廊诗情画意展

　　　　台北市立美术馆"国际水墨画"展

1986　香港中文大学"当代中国绘画"展

　　　　台北市立美术馆"现代中国绘画回顾"展

　　　　香港海运画廊个展

　　　　加拿大蒙特利尔"中国画新意象"展

王无邪
游思之六
1981 69×69 公分

我和你从写诗认识到现在，相识有二十多年了，你后来弃诗从画，我们又曾分开一段颇久的时间，对你的画，不敢说对每一个阶段都认识得很清楚，但你曾有相当多样的变化，这我知道，你曾由西画入手，转而回到中国传统画，中间一直都有传统画的画法，又在传统画中呈现西方画的结构，如加入"设计"的成分，又如有一个时期画的玉石，结构近于西方，颜色的气氛却又有传统的意味，近年来，终于显著地向传统回归，材料、技法与主题基本上是传统山水的形象，虽然你的画与传统的山水画仍有相当不同的地方。我第一个问题想问：你最先用西方媒介作画，其后又曾在美国的艺术学院呆了四年的时间，最后还是选择了中国传统的媒介，那是因为你追寻的境界需要你以中国传统媒介去表现呢，还是中国传统媒介使用起来较容易或方便，或较有弹性？中国传统媒介有很多特长，是西方媒介所做不到的，它们怎样有助于你的表现？

我选择了中国媒介是有许多因素的。其中之一可能是先入为主的观念。我最初是自学的，用的是西方媒介如铅笔、绒头笔、水彩，当时已经有强调线条和留白的倾向，同时喜爱水质、液体化的颜料。后来追随吕寿琨先生习传统中国画，更使我养成了运用线条、透明水质媒介和留空白在画面上的习惯。留美四年，即使是用油彩作画,原来的习惯没有改变得太多,而那时的导师大多是抽象表现主义的信徒,所以我一直没有学到西方传统的油画技法;所学到的,如构图意念,便建立在香港所获得的基础上。我没有正式地攻读设计,但接触了不少;因为设计对我是全新的东西,特别引起我的注意,也许可以这样说,在留美期间,我在设计方面学到的,比在西方绘画方面吸收得还多。(叶按:王先生当时是香港理工学院设计系主任。)

你刚才说的,是从你个人发展的情况来说明媒介,我希望你能以个人的了解,对中西两方面的绘画媒介本身的个性,作一个客观的比较,譬如说,水墨那种流动性是很自然的,油彩很难做到,做到要费一番努力,因为油彩本质上不是流动的,请你对这两种媒介的表现功能提出一些看法。

我个人一向推许油彩是一个重要的绘画媒介,用我惯用的词语,即是大媒介。另一方面,中国的水墨,也是大媒介。大媒介的意思是:它含有广泛不同的表现的可能性,小媒介则不然。譬如,铅笔是小媒介,水彩也是。油彩的特点是膏状,富于黏性,色彩鲜明度冠于其他媒介,薄的时候可以透明而造成丰厚的层次,厚的时候可以产生触觉感。照我的看法,中国画家一般都拙于触觉感(但在外国长期居停的则例外),所以许多中国画家将油彩当作广告彩那样处理,没有触觉感,没有很好的层次,油画的空间也把握不到,例如写天空和树,不应该就只写了天后上面写树,还要在写树后再写天,以不打破油画平面的完整性,有时强调天的厚度而非它的稀薄。能真正掌握油画这些触觉感和层次空间的不多,所以很多中国画家写了多年西画后便转写水墨,这些例子很多,如徐悲鸿、刘海粟、关良等。

水墨是大媒介的特点呢?

先将水墨和水彩作一比较。西方水彩画用的是一种不吸水的纸,水彩在纸上形成一层薄膜,着色时不能过分积叠,积叠一多就会产生污浊感。水墨画用的是吸水的纸或绢,墨色渗透纤维之内,并有浓淡干湿的变化,不同的笔,不同的笔法更可造成不同的效果,由于水墨流畅,有时一笔可以求得多种墨度或色度。中国画的笔墨技法,需要长期的锻炼,本身也是一门深厚的学问。近年有些现代水墨画家还用移印、拓印、喷洒、拼贴等技法,更可证明水墨表现力的广阔性。

刚才要你分辨媒介的特色,是为了下一个问题作准备的。我觉得你目前的画,有企图要利用水墨积墨的手法和干笔点墨的手法,呈现类似油画中的膏状性和触觉性,不知你觉得我的观察合理不合理?

无论我如何意图接近传统,都不等于我变为一个纯粹传统的画家,我既做不到,也无意做到。我尝试运用近似传统的皴法来刻画山形,在绘画的过程中会融入我用铅笔或炭笔的经验,例如干笔可以写出类似炭笔的效果。湿笔渲染有时可以求得水彩的明快感,点线的叠积可以引起仿佛油画的触觉感,层次的丰富墨度又可以近乎铜版画的趣味。我曾涉猎多种西方的媒介,故不能否认我的水墨画有某些西方媒介效果的特质。

这是一项重要的成就,你的画,从远处看,只觉是传统山水,顶多是构图和传统山水不同,但细心地近观,便会觉得里面包含有多种媒介技法结合的感觉,这是你技巧的特色之一, 用水墨而有油彩的效果。也许我可以将之和点彩派(Pointilism)比较,点彩派由于膏状和黏性可以做到的积叠幻色是水墨难以模

王无邪
湖山之三
1983　69×140公分

王无邪
山雨之三
1982　61×71 公分

拟的,你能在水墨中运使出来,是重要的融合。现在我想转变话题,特别针对你的近作而发。美国研究中国画史的学者 Sherman E. Lee 曾提出两种风格来描述中国山水画的发展,其一为宏伟风格(Monumental Style),是指五代末年至北宋的,以荆浩、关仝、董源、巨然、范宽、李成、郭熙等为代表的风格,画面由上下瞰,每有巍峨的主山居中,旁有小山远山环抱,空间填得很满,而表现出一种宇宙性的视境;另一为简逸风格(Abbreviated Style),是指南宋画家如马远、夏圭、梁楷、牧溪、玉涧等的作品中的特色,画面大量留白,线条稀疏,下笔简捷,有不假思索之灵快,在构图上,马、夏的山水常把景物侧聚一角(所谓马一角),与宏伟风格的作品大异其趣。我觉得你近期的作品接近宏伟风格的构想,大量留白的集中一角的结构并不显著,我不是说你的画中没有留白,而是留得不多,总觉得是填得满满的。在山的布局上,也多是由上下瞰,也有显著的主山,是不是可以说,你近期的画较倾向于五代末年的宏伟风格?

我正处于一个转变期,我在一九七八年写成的两幅大瀑布(均题名为《涤怀》),最接近范宽式的宏伟风格。整个山填满空间,倾向于对称性的构图。当然我很崇拜范宽的《溪山行旅图》,技巧上也很受范宽的影响,如范宽雨点皴,我以积墨点写得很满,以块体逼出很小的空白,后来我转写《云山》连作,空白较多,我用来构成空白,云作块状,有立体感。由《山行》连作到《游思》连作,我比较喜欢用对角线构图,而以云、虹、光、雨冲破完整的山形,这是因为我要从宏伟风格走出来,但我写黄山的一组,还没有走出传统的界限。我以前的画也有马、夏的倾向,要从宏伟风格走出来,所以我开始写雪山,雪山的白逐渐变成具有暗示性的空,近期的《云外》及最近开始的《空灵》连作,空白很多,在我来说,是接近简逸风格的。当然我在非空白的地方还是写得很细致的,也许也不能说太简。

你提到细致，正好引入我另一个问题。南宋的山水画，如马、夏、牧溪、玉涧等人的作品，常用大笔快笔锐笔的书法将空间突然割切，你则用很多细致渐变的笔触，这样看来，你能不能算是用意经营的画家（Conscious Artist）? 你比较不强调奔放的书法感的线条，这是由于你的气质使然，还是你暂时无此需要?

我想引用西方艺术批评常用的两个名词，古典主义（Classicism）和浪漫主义（Romanticism）来剖析自己。我觉得，本质上，我是接近浪漫主义的，这是指意境上的抒情倾向，而外在的表达方式则接近古典主义，这是指技法上的严谨倾向。早年我爱读英国浪漫派的诗人雪莱和济慈的作品，也许这和我的抒情倾向有点关系。不过，我的每一张画，由开始构思到画成，由画稿到画稿放大，都是经过小心经营的，其间很少即兴的成分。我常自言，我的艺术成长过程，建基在四项元素之上：传统、现代、文学、设计，这四项元素不同比例的混合，形成我不同阶段的不同风格。文学与设计，在我的情形，有点等于我刚才说的浪漫主义与古典主义。设计可以指构图方面，但也可以指理性化的思考，从这一个观点来看，在目前这一个阶段，我也许比较属于"用意经营的画家"。

说设计是属于理性化的思考，应该是没有疑问的，但我却记起你七〇年代初那组较倾向于设计的作品，那些作品我和台湾的一些朋友都很喜欢。你那时候把强烈的色块（往往是同一个颜色，很丰富的青）作近乎几何性的安排，直线的割切，确有设计的意味，但事实上感性很强烈，色彩的细致变化给人相当丰富的抒情意味。你后来放弃了几何性的结构，向传统回归之后，那种浓烈的感性反而不明显，可能你已经向另一方面追寻。不过，就是在你近期表面上不着意设计的作品中，我也看得出你设计的背景，线条交叉的地方呈现出一种设计的概念。我觉得你画面上常常有一个重心或中心焦点，很光亮很空同时又有浓重形线作对比构成的焦点,这和中国传统绘画的基本结构很不相同,你可以解释一下吗?

我刚才说的文学性抒情性的倾向,画面上我喜欢塑造一种特殊的 Mood(情绪、心境、气氛),类似欧洲十七世纪荷兰大画家伦勃朗的手法,以舞台化的光照射画中的人物,从而造成一种强烈的戏剧性的时刻。我虽然以山水为主题,甚至也很忠实于自然现象,却不为山而写山,为水而写水,而是写心中一种观念,一种感受,一种梦想,所以要建立带有 Mood 的意境,古人写山水,一样有重心,他们喜欢以亭台楼阁或人物作为重心所在,虽然这个重心也许不像我那样强调,我写的画是要超越时间的,亭台楼阁或人物都规范了时间,那是我不愿意的。我写光写雨,虽然是时间中一刹那的凝定,那是永恒的一刹那。

这也许可以称为 Archetypal time(原型、典型时间)的表现。我提到的重心固然与时间有关,实则上是空间的问题。中国山水画的空间,是刻意避过单一角度的透视的,因为画家曾在不同时间不同角度看了山水的全面个性,然后再将之呈现,所以利用了多重透视或回旋透视,使观者可以重历山水不同角度下的个性,这个做法和传统西洋画中固定视点式的科学透视是大异其趣的。我觉得你的画并没有沿用多重透视或回旋透视,你对于我这个观察有什么意见?

首先,我比较注重表现视觉上的合理性,对自然是远取其势,近写其质,这与古人并无不同。我游历名山大川,由于时间所限,走马看花的较多,所以往往要借摄影的帮助,作为绘写画稿的参考,我喜欢用远摄镜猎取景象,因此我的作品表现出来的大都是远景。我从来不用大前景,譬如写山和树,始终保持着大山和小树的自然比例。我强调山体的结构和它蜿蜒的脉络,并没有意识地坚持单一的视点,但也没有故意去寻求移动性的视点。

你这样说来, 似乎和北宋画家郭熙所谓山水可以遨游其间的不同, 即与时前山、时后山、时仰观、时俯视的感觉不同;你远视式的写法,视点变化不多,与遨游式的感觉,差别也许是,前者易于使观者置身其外,后者有可能置身其中,你以为如何?

我或者应该说明,我非常注意由四周边缘界定出来的画面空间之完整性,这个画面空间是一个有机的整体,和古人长卷式逐段展现的意念不同。我这个倾向是受西画影响的。所以我下笔之前要将画纸裁正,不容许部分画纸在裱画时被切掉。

我说你的视点变化不多,也可能由于你用光的方式。印象派画家都善于用光,甚至以光为主题,欧洲文艺复兴(Renaissance)到巴洛克时期(Baroque Period)的宗教题材作品,如《圣母子图》,人物背后呈现强光,或者强光照耀在主要人物的脸上或全身,使观者察觉到光的来源,有定向的趋势,此其一。光照在近身的事物,是常光,照在全面广阔的山水景物上,是异光,你的画给我一种自然的神秘感,这也许是因为引起宗教画的联想的缘故。看你的画时,我时被吸引去追寻光的来源,然后才注意到物象本身,你的物象主题与圣灵无关,但那种自然的神秘感却是颇为强烈的,你有没有这种想法?

我很早期的画便已倾向于光的塑造,以较暗的背景来突出明朗的物象,近来的作品里,用光的变化较多,不过我一向都没有宗教的倾向,如果说自然的神秘感,也许是我欲追寻一种物我交融或天人合一的境界造成,在成功的画面上,

王无邪
山梦之一
1983 66×137 公分

王无邪
山怀之一
1983　137×69 公分

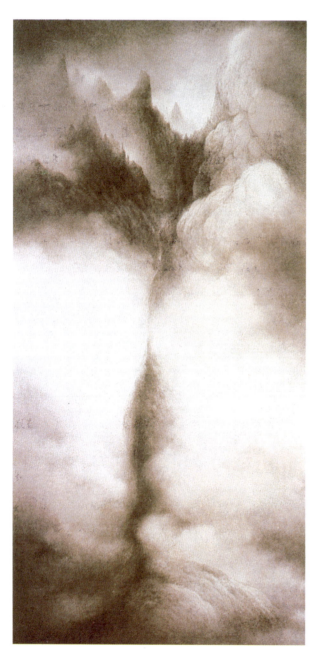

王无邪
云外之一
1981 136×69 公分

王无邪
幽泉之三
1982   51×76公分

我即是山,山即是我,那是一瞬高度集中的时刻,所以呈现出来的,每每是富有
戏剧性的画面。

这样说来,你用光的方式,可能接近印象派以画布为光影交织的舞台的做法,
这种光影主宰画面,是中国传统所没有或少见的,能不能说,你在传统画的本
质上引进了西方的观念?

传统中国画没有特别写天,我则一定写天,我的天不是完全白的,因而用最强
的光点作为画面的中心焦点,这样,物象背光,或侧面受光,或顶部受光,和最
强的光点会形成完整有机体;我的绘画技巧正是由这一个需求发展出来,我用
的是干湿交替的写法,干纸上用干笔写,也有时用湿笔写,然后将纸喷湿,湿纸
上也有干笔湿笔的写法,这可以称为擦染,是一个循环,如此循环有时会超过
十次以上。

你用光用得很强烈的画面上,主要是以明暗为主,使我怀念起你数年前或更早
一些色彩较多的画,我不是要把你和罗斯柯(Rothko)相比,但罗斯柯展开的色
彩领域,常常广大深妙,令人神游其间,为什么会有这样的现象呢,那不是理性
化的文字可以解释的。他的色彩好像刹时扩大又忽然停住,有一种特别的魔力
似的。你当时的色彩有类似的丰富性,不像一般的水彩只停在表面上,你那时
的色彩有开启冥思空间的意味。你现在走上了一条较为写实的道路,是否就不
能表现类似效果的色彩?

不是因为写实,而是因为近期传统化的倾向。我觉得自己在笔墨功力方面有所
不足,所以在回归传统的期间里,便由本来纤幼的线条逐渐加粗,虽然我的线

条直到现在也不是怎样的粗。笔墨功夫是一长期的锻炼，我还是没有什么成就，不过勾勒是强调了，原来大幅的色面便退居次要，后来我的皴纹和苔点越来越变得绵密，成为面体之上的肌理组织，我的色彩便趋向素朴，近期表现光雨的作品夸张了明暗对比，也就几乎没有色彩。新写的《空灵》连作，开始走向高调子，我回复了雅淡的色感，我也想逐渐找寻建立容许较多色彩感觉的画面。

一般来说，西画用色比中国画成功。中国的金碧山水，是注重色彩的，但重表面装饰性，缺乏深入层次的感人力量，以西方的塞尚（Cézanne）来说，他的每一笔都具有沉重的质量，这是我们以水墨为主的媒介难以做到的。我觉得中国现代画家，在色彩方面，可以追寻绘画传统以外的其他艺术，如民间艺术、陶瓷、青铜器等，从那种艺术的色彩感受中汲取灵感，不必要仰赖西方色彩的技巧，我相信这是一条可行的道路，你的想法怎样？

六〇年代后期及七〇年代初，我任职香港博物美术馆（即今日香港艺术馆的前身），经常接触到古代陶瓷玉器以及考古搜集的砖瓦残片，这些东西对我当时的作品有很大的影响。我初时写硬边油画，后来用塑胶彩写在纸上，色彩大致倾向于鲜明，主题每每是碎玉碎瓷的意念，偶然在碎裂纹理上呈现相当抽象的山石形象。我到了七〇年代中期也爱用强烈的色彩，曾经对自己说，终于能够从不懂用色而成为一个 Colorist。

唐代以后的中国画，基本上是王维水墨山水系统为主流，逐渐形成文人画的天下，因此色彩很多时候只是水墨之上一层浅绛而已（石涛是显著的例外）。开科取士的制度使文人成为统治阶级，文人对劳力者的歧视，使许多需要劳力的艺术没有获得应有的重视与发展，所以壁画雕塑都成为民间艺术，是画工、匠人

王无邪
吞望
1971　184×95 公分

王无邪
涤怀之二
1979　183×87 公分

的作业。

宗教画如敦煌壁画，是巨大的艺术成就，却没有被文人画家所接受。西方的米开朗基罗（Michaelangelo），独力完成西斯汀教堂的大壁画，集画家画工于一身，而且也是雕塑家、建筑师和诗人，在中国找不出相近的例子。

接着，我有一个感想；墨占了如此重要的位置，也许给了画家一种挑战，如何以墨的变化来获致色感。我看牧溪用水墨画的几个柿子，常常看出色彩来，他的画往往引起我有色彩的感觉。

残旧了会多了色彩，如果看的是复制品，四色的印刷也可能会增加色的成分，不过你可能指墨分五彩的境界，浓淡轻重干湿的笔墨运用，的确可以达到不寻常的明暗调子的延伸而唤起色感。我同意这是挑战，不过这条路已给中国画家走了几百年了，很难有新的突破。目前我即使用色不多，也有用水彩在水墨皴线上造成寒暖变化，并用撞色法（如红绿交混）求与水墨不同的特有的灰调。

最后我想提出一个较大假设性的问题。我觉得有两种不同的画家，一种是要把内在的感觉在画面上发挥出来，发挥出来时未必把每一个细节都交代得很清楚，细节甚至可能很简陋，但通过一些形象一些质感把内在的感觉呈现出来；另外一种画家，则是由外在的事物慢慢观察、感受而进入事物内在的活动，所以在构筑画面上，细节描绘详尽丰富，通过这些细节的营造而产生所谓气韵生动。我能不能把你列为第二种，还是你两个阶段都经历过？

任何画家都不能绝对地划分为哪一种，画家复杂的个性，在其成长过程中不同

王无邪
游思之七
1981　69×69 公分

王无邪
空灵之一
1982　69×69公分

的阶段有不同的倾向,那是可能的。你说的第一种情形,也许近乎康定斯基所谓的 Inner Necessity(内在的需要),也有人提出 Outer Necessity(外在的需要),前者是内心的表现,后者是外在秩序的探求。如果表现主义是你说的第一种,我除了早期学画的阶段之外,一向是不喜欢表现主义的,强烈感情的表现,抑郁而致爆炸的,和我的性格相距太远,我也不是长于观察的画家,不过我是向往和谐秩序的建立的。你看到我过去数年的画,正是我以自然为师的阶段。古人将画家的追寻分为三方面:师古人、师自然、师心。我回归传统和写生,几乎是同时的,师古人与师自然恰巧重叠,这两方面是我要补拙的。其实在这段时期之前,我绝不从观察入手,现在我也正想闯出这一个阶段,换言之,我可能回到以前较抽象化的倾向。当然下一步是什么,我要真正地走才会知道。师心的阶段我还未到达,那是一段颇长的路,现在我仍在摸索,也不愿限定自己是哪一个类型的画家。有一样是肯定的,我所处的是中国艺术的过渡时期,我怎样努力也只能成为过渡时期的画家,在过渡时期中,一切都是无法肯定的,新的价值观尚待建立,我将来有没有成就,自己或者可以有信心,但也可能永远不知道。

恍惚见形象，纵横是天机

——与庄喆谈画象之生成

资料篇

生 平 纪 要

1934 生于北京

1958 台湾师范大学艺术系毕业,同年加入"五月画会"

1963 任教东海大学建筑系

1966 获洛克斐勒三世基金会资助赴美研究当代世界绘画

1967 夏天再赴欧洲广游欧洲各国半年

1968 夏天回东海继续执教

1973 辞去东海职位。赴美定居,成为专业画家至今

1985 获傅尔布莱特基金会奖助再度赴台湾。在省立艺术学院任客座教授一年

重 要 展 出

1959 巴西圣保罗国际双年展共获选四次(续于 1963、1965 及 1973 年获选)

1959 巴黎国际青年双年展

1960 美国印第安纳州天主教大学"中国现代画展"

美国印第安纳州天主教大学"中国现代画展"

台北省立历史博物馆主办"现代油画展"

1962 第一届香港国际绘画沙龙获金牌奖

越南西贡第一届国际美展

1963 美国长岛拜瑞美术馆"台湾现代画"

1965 国泰航空公司举办"当代亚洲代表画家展"获首奖,巡回展于新加

坡、香港、台北、东京、马尼拉、大阪、曼谷各地

1967　美国卡内基国际三年展匹兹堡城

1966—7　美国艺术协会举办"新中国山水巡回展"

1972　美国新泽西州蒙特克来尔美术馆个人展

　　　　美国新泽西州纽华克美术馆个人展

1975　日本东京都美术馆"中国十画家"

1975　美国加州洛杉矶波摩纳学院办"当代中国画"

1976　美国底特律城哥仑布鲁克美术院举办"底特律之源"展

1976　美国科罗拉多州山根城美术中心举办"当代中国三画家"

1977　美国密歇根州塞格诺城美术馆个人展

1978　美国密歇根州卡拉马如城美术馆个人展

1979　美国新泽西州山峰城艺术中心举办"当代中国与日本画展"

1984　美国芝加哥鲁底·加卡斯画廊举办"当代中国与希腊画展"

　　　　台北市立美术馆举办"中国海外画家展"

1985　台北市美术馆举办"中国现代画回顾展"

个 展

1967　美国密歇根州安那堡城弗塞尔画廊个展(1970、1971、1973、1975、1977、1979、1982、

　　　　1984 年亦在此举行个展）

　　　　纽约市诺德来斯画廊

1970　台北市聚宝盆画廊(1975 年亦在此展出）

1971　西雅图市西德斯画廊(1974、1977 年亦在此展出）

　　　　台北良氏画廊

　　　　台北鸿霖画廊（1975 年亦在此展出）

1972　台北艺术家画廊

　　　　休斯顿市杜布斯画廊（1979、1981、1984 年亦在此展出）

　　　　洛杉矶派迪亚画廊（1973 年亦在此展出）

1973　新加坡亚氏画廊

1973　底特律城阿尔文画廊（1978 年亦在此展出）

1977　加拿大多仑多市雷明顿画廊（1979 年亦在此展出）

加州柏克莱城沙兹门画廊

1978　台北龙门画廊(1979、1980、1982、1984、1986年亦在此展出)

1979　美国密歇根州兰星城弗雷曼画廊(1981年亦在此展出)

1982　香港艺术中心

1983　密歇根州伯明翰市罗拔启斯画廊

　　　加州比弗利山路易纽曼画廊(1985年亦在此展出)

　　　明尼苏达州明尼阿波利斯市许氏画廊

　　　香港阿里逊画廊(1986年亦在此展出)

1984　芝加哥弟哥来夫画廊(1985年亦在此展出)

1985　弗罗里达州沙拉苏达城琼哈格尔画廊

　　　达拉斯市宁巴士画廊

你从小便生活在传统中国画的环境里,在台中故宫博物院里浸淫了如此之久,父亲又是馆长、名书法家,你哥哥庄申又是专攻中国艺术史的,而你却选择了西画的媒介,选择了基本上是抽象的表达形式。这是饶有趣味的辩证关系。这个辩证的关系,是个人的取向,还是历史的成因?请先谈这一点,另外你利用西方媒介来求取中国传统精神的问题,我将留在后面逐一和你讨论。

我的确从小生活在传统中国画的环境里。可是,从高中以后,这个环境消失了,改变了。我从小涉猎的传统中国画也随着这环境的变而不同了。在师大艺术系的四年是决定时期。我不赞同你说我选择了西画。我没有选择什么。很自然地说,我只服膺真实。在那段时期里,"西画"对我并不"西",传统中国画对我也并不"中",在我学习的四年里,很遗憾,我们很少问"精神"是什么……

对不起,我用了"选择"二字,使你误解为"刻意追随西方"。这绝对不是我的意思。应该这样说,在你的艺术创作过程中,自然用过很多的媒介,铅笔、水彩、炭笔、水墨、油彩。从这些媒介的试探里,你最后走上了画布与油彩(包括塑胶彩)作为你主要的素材,当然是因为它们最能遂你的"意"。问你这个问题,实在为

庄喆
1985 24×20 公分

了后面一些美学意念而作准备的。我绝对不会,像某些人那样,用粗浅、浮面、狭窄、不公平的分类,称刘国松的是水墨抽象山水画,说你的是油彩抽象山水画。这样硬分,是完全没有了解到艺术形象在画家心中笔下发生的宛转曲折而多姿的实况。

但假如说,只要抓住要表现的东西,不管什么媒介都可以表达,这个想法无疑是出自很超绝高蹈的理念。在古代的中国,在现代的西方都曾通过不同的方式被提出过。我有一篇文章《出位之思:媒体与超媒体的美学》,便是说明这个"理想"执著所引起的一些问题。我所要问你的其实很简单。在实践的层次上,我们无法否认不同媒介有不同的表现性能和限制。水彩可以透明,它绝对无法做到油彩的膏状与触感;同样水墨的流畅与漓漫,是呆滞的油彩不易达致的。宣纸的吸水性和水墨的合作、画布与油彩质素之间的协商,二者自然有别。我问你的问题其实是意味着你对素材的挑战:即是,在油彩和画布上,如何突破其限制而求得中国的精神? 作为一个中国感性的画家,你和媒介、素材间产生怎样的张力,怎样相应变化的关系?

你这样说明很好,我后面会对这个问题发表我的看法。但我还是要先针对一般人对"中""西"之间含混的看法说几句话。所谓中、西实在不应以中画西画一刀两断地说明。对当时的我们来说,中西并没有那么明显的区别。

我想,如果说艺术能传达作者真正的感受,西画的媒介、油彩、粉蜡笔、水彩等是比较能够随意涂抹的;而传统中国画却成了一部圣经,里面虽然有章节的不同,大体上它不能表达我们当时对生活周遭所发生的事物的感受。

五十年代的台湾生活背景，是步入摩登社会的加速期。在我念初中时，还很少人穿皮鞋。大概是初二初三的阶段，脚踏车开放进口。那时候我看到别人骑一辆崭新的海格力斯跑车，那发亮的烤漆，和不锈钢美妙的线条，都使我羡慕不已。我念高中时，摩托车已很普遍，没有几年，脚踏车再新也觉得远不如一辆半旧的"本田"诱人了。我念大一时，从台中到雾峰的道路已起了绝大的变化。柏油路加宽，两旁芒果树和尤加里一齐被砍掉；本来从大里乡起连接到草湖村的稻田、烟田也逐一被加盖起来的房舍割裂。景观整个改变。都市的繁华、噪音、五色缤纷的广告、霓虹灯更不必说了。这些现象怎能进入黑漆一团的水墨画呢？

再说，年轻人总是有除旧迎新的背叛色彩。我们感受到的"真实"可以说是摩登化的(或说西化)。总之，它不是"中化"。

我加插几句话。在早期的现代诗里，有些类同的思索。譬如，有人提出"工业文化下的产物可以入诗吗？"现在反顾，证明问的人完全被锁在固定反应的旧有美感世界里。六十年代以来，用了工业产物为形象的诗成功者自是不少。但据我所知，在你作为画家，在我们作为诗人，在把这些感受化入作品时，必然是一面着眼当前真实，一面探索传统所开拓出来的表达策略……

对。我正要说，在对"真实"作艺术的考虑时，这不是说我从此不关心中国画。相反地，我倒时常从五四以来过去的"西化"道路去探索，由历史所发生的，告诉我二十年代三十年代已经争论中国画如何创新的问题。大致所得的结论是重走写实的道路，一致反对泥古的因袭传统形式。可是，我认为这里面严重地遗忘了"精神"问题。因为艺术绝不是抄袭外界的现象而已。唯有从这个观点，我们才能从过去的历史中得到教训，知道隐藏在过去大师们的作品中究竟什么是使得艺术成为不朽的原因。黄子久的《富春山》绝非对景写照，同样伦勃朗的《自画像》也绝非是写实而已，而是作者透过被处理的形象传达出较那形象本身更丰富的东西，是他的处身、思想、情感，透过了技巧与媒介的处理后的一个整体。我所说的"精神"大体是指的如此。

但我很少能从民国以来的所谓大师们的作品中看到此历史的杰作中能启示的那种丰富性。就拿徐悲鸿来说，他早期的油画大作《田横五百士》，除了说历史故事的主题外，人物的结构在整个画面的处理上松散无力。如果任何一幅浪漫主义大师的作品（徐的想法显然受了法国浪漫主义的巨大影响），席列谷也好，德拉克洛瓦也好，大结构不仅是细部的描述，色彩与形体之间的关系更为重要。我从《田横五百士》里不能感受到作者究竟传达了什么。徐以后转变到弃油画而取毛笔，我也不明白为何有这样的结果。是觉得油画不适合他了吗？那么又为什么一开始从事油画呢？徐在法国的时期，塞尚的重要性已被当时的画家们认识了，立体派、野兽派也早就有了。如果徐在当时不那么固执去学习院体，稍微留意一下塞尚的问题，以他的聪明才智，不难发现传统中国画与西方新绘画间有不少在相对比较后重新启示我们的地方。

我在民国以来屡被认为重要的人物中很少得到满足，倒是意外地在丰子恺所写的一本小册子《论中国美术之优胜》中得到满足感。丰子恺的画虽然被当时的人认为是漫画；可是如果今天再仔细去看，反而觉得，无论在取材，在技法都有了不起的创新。最重要的一点：他把握住传统中国画中线条刻画对象的高超性，他的那篇论文我早就认为应该列入美术系学生必读资料之一。是因为丰子恺的才智，能够从西方的发展中照见自己。这个想法无疑也是后来我们在"五

庄喆
1978   48×31.25 公分

庄喆
1964

月""东方"画会早期的发展中列为宗旨的目标,也就是这个探索"精神"的努力使得我们重新去看传统。我那时虽然使用油彩与画布,可是我并不觉得自己在画"西画"。我个人的想法是:徐悲鸿没有继续油彩的探索就放弃而回到毛笔宣纸,根本上,他已失败了。中国人还不能认识、认定西方的东西就不用,而一定要守住中国过去所有的东西,是消极的。如果我们要进入现代社会,那么所有摩登的东西大概百分之九十九都不是中国人发明的,我们难道就拒绝去用吗?水泥的结构法中国过去没有,我们就不能用水泥吗?这多荒谬?同样油彩是西方人发明的,但是油彩不过一媒介而已。如果我们能把油彩的性质掌握并发挥出一种西方人不能传达的境界,那不是更有意义吗?何况从油彩之后,到目前又有其他新的媒介物如塑胶彩,无论从稀薄与原涂的使用上,后者更为宽广。所以我从开始到现在仍然认为媒介的问题是不必顾虑的,能表达出来的究竟是什么才重要。

你从历史现实的实质——物质的变异、生活形式的变异里指出艺术对象的肌理构织和欲表现的"实感"联系起来,是很切合的。我完全同意。许多人讨论"传统""精神",用的还是"死句",而不是"活句";即是说,仿佛"精神"这个东西,是长度、阔度、高度都很清楚的一件物体,我们可以拿起来,向每一个不同时代放进去都可以。这是"死句"。"精神"代表一种"动力""动向",其力度、向度虽然大致可以认定,但其发挥的幅度及呈现的面貌则该因历史的、生活的肌理构织而不同。肌理构织的变化愈大,突破媒介性能的要求愈大。这也许是当时想吸取西洋素材作为表现中国新肌理构织脉络的原因之一。你说得好:"我们能把油彩的性质掌握并发挥出一种西方人不能传达出来的境界。"这是一句很重要的话。作为一个画家,必须要深深认识到媒介的性能才可以发挥你心中要的东西,这是表现上二而为一、一而为二的事实。你觉得这样说法对不对?

我觉得对媒介应该有一种前瞻性的看法，这最为主要。所谓前瞻，是找那不可知性、扬弃已有的表现。如果没有这种看法，很快就会往后看而被历史震摄住了。

拿水墨来说，无疑从民国初年宣纸的大量发挥，尤其在金石派画家、齐白石、吴昌硕这些人，使得大笔渲写的墨团团、色团团呈现出新的生命来。但时间一长，大家一齐在这上面搞，就又成了枯槁的形式。我不知道宣纸以后水墨的特性还能从其他什么样的纸再能复活起来。棉纸是不行的。棉纸旧黄的质地一开始就显出老陈的感觉，像傅抱石那样的表现，可就是把棉纸的性能和水墨（不敷彩）交融发挥到高峰了。但就我个人的看法，他舍弃了颜色的表现，而颜色在我们这个时代是扮演越来越重要的角色。这恐怕是我们如果一旦突然闯进敦煌石窟必然对那彩色缤纷的壁画产生震撼的感受。反之，你面对北宋的山水大幅，情绪上仍是平静的理由，因为黑白的世界从根本上就不属于这个时代，我想齐白石的画如果不是彩色的加入，也就不会有那新鲜的意味。同时，齐白石如果不是用鲜白厚润的宣纸，使他的画面丰润，颜色也就衬托不出来。你看，西方的油画对颜色的要求也怕是一致的。十七世纪的油画（包括再早文艺复兴时期以后的水溶性的 Tempera），现在看来十分老旧，一进入印象时期后，油彩似乎脱胎换骨了一般，是什么原因呢？还是同样的画布，为何油彩能跨入不同的领域呢？这使我一开始便对油彩发生兴趣。

一般人强调水墨的浸染。其实从五十年代早期美国滴浸的一派——如纽约的霍夫曼、路易士、法兰西斯，这些人已经把油彩使用得像水彩一般。要说油彩的特性是厚重有黏性，那么这些人的画如何解释呢？这不是证明它有更广泛的特性吗？何况现在更有压克力色彩，这种颜料更有新鲜的、快干的优越性，能厚能薄，能用在纸上也能用在布上，能用在任何其他的物质像金属、木材等等之上。

所以强调一种媒介应该了解它只是媒介而已。我不以为非水墨不能代表中国特性这种后退性的看法,现在正是要向前试验,积极吸取大量媒介表现的时代。

我想我们提出媒介性能的了解,绝对没有菲薄其他媒介而尊水墨的意思。我们提出来,是要看水墨过去所能引发出来的境界在新媒介中会引起怎样的变化。事实上新的意念是会引发突破媒介、发展媒介的作用的,我们不能说,印象派在媒介上没有作了发明,而这个发明,不能不说是受赐于意念的变化。同样地,如果不是为了表达更新的意念(如流动性、即兴性、自发性),滴浸派油彩的调整与应用方法便不会产生,而对压克力(压克力虽然与油彩面貌近,实在是新的媒介)的选择本身(或选择油彩以外的颜料)便牵涉到欲表达的意念与境界的问题。我觉得你的话里暗含了一个更重要的想法。那便是"开放精神",多样表现、多样媒介的试探与包容。

我觉得,从历史的角度来看,单一种媒介主宰的时代已寿终正寝了。现在的艺术是多媒介运用的时代。不但艺术如此,其他的视觉艺术、建筑、装饰、实用美术、服装、戏剧何尝不如是?只用石头、木材的时代早就过了。我这话也不是一味要排斥某些特定媒介的表现,但坚持狭隘的"只此为正宗国粹"的做法我实在不敢苟同。台湾、香港有强调水墨的团体。我想如果他们如努力往既有的棉纸、宣纸以外的什么纸上去试验,也许可以快些走出新的局面。画靠媒介的表达是二者合一;不另寻途径绝对跳不出过去大师的手掌。二百年前的石涛就大喊古人的须眉不能长在他的脸上了。这个世界这样开放,大众传播以及交通这样便捷,还要自画藩篱,不是自暴自弃,便是小气。

在你转向抽象形式、以大幅墨状油彩或压克力溶画在大幅画布之前,你的早期

庄喆
1982　68×96 公分

作品我只记得两种。其一,是略带象征式表现主义气氛的乡土作品,如画并不完全指向现实的一条牛和落日,基本上是利用物象和色泽提供的气氛反映你当时的一些主观情绪。其二,是放射性强烈、雄性的黑线条。现在回想起来,那些近乎 Action Painting 的快笔粗笔墨溅四射的线条,虽然粗糙而未见凝炼,但仍是极其令人震撼、极其强烈的。这些线条的艺术性,当然是未够完整的;但把它们放在你的全部作品来看,我觉得和你成熟的作品仍是衔接的。你目前的作品里,时有放射溅射彩色的线条,不过比较能够由凝浑中更大胆而自然地发放出来。

你觉得我的记忆和观察有没有错误?请同时补充说明你早期作品发展的线索。

我早期的作品,刚从师大毕业出来的那一、二年是在摸索中的时期。一方面是个人的梦幻,对爱、对人生的感受;一方面是把在这学画四年所得的认识、技法等等一股脑儿倾注出来,结果当然是零乱的。但是现在回看那时期的作品,仍然能归纳出一些东西:像你说的《牛与落日》,空间占的分量极其重。其他一些如《破船》、《空巷》等等都是。至于初走上抽象就采用的爆炸式的放射线索,那实在是下意识中想要突破束缚而自然形成的。

你也许不知道我一向喜欢传统中国画里扬州派的画家,李鱓的兰、郑板桥的竹子都带有运笔的激烈感。我喜欢快速感的写意,这恐怕也是引导我走上抽象的原因。但是从学校四年西方绘画的训练,都看重把握物象的实体感,尤其是炭笔素描的石膏训练,形的因素重于线的因素。所以很快就觉得,只用线条来表现遗失了形的意义而感到空虚;这不像传统国画的写竹写兰,根本上已经把握住了自然形象的实质,形与象已成一体,所以没有空虚感。而我只用线的组织,是失掉了对物象观察的整理，就造成难以为继的现象。因此，我立刻用剪纸的贴裱加入。这里有趣的一点发展是，一九六二年我画的《云影》与《茫》那些画又显出对风景的强烈暗示。如果追索如何会产生，这不难，与我过去生长在乡间有关。由小学到中学这些年来都是在山水的环境中。同时，在这个时期，"五月画会"成立不久，大家时常在一起讨论"传统"的问题。中国画过去的主力不能不说是以山水为重点，所以在下意识里已经有重新表现山水的想法，接下去的贴裱时期，纸形在画布上扮演的角色是山、石块、平原、峭壁，而线穿梭其中来调和形的生硬感。那时候我也喜欢看西方近代画的画册，塞尚的作品影响也有。塞尚把自然分解还原到色与面的结构上去。后来的立体派直接再从这个方向延展，与康定斯基所强调线与面独立的可能。这两方面的交互影响也是我走上抽象的另一原因。

我在萧勤的对谈里，也提出康定斯基所提供的色、线、面不依赖外形的形似而能表达感受的律动，表达所谓"精神的回响"。这与中国书法（在此包括你说的兰竹画）线的独立性，在精神上是相通的。但西方画家在他们美感境界的培养之下，因为缺少了东方特有的山水意念，自然也无法发展出你所能提供的"境界"，这也是自然的事。

我记得，在我早年和"五月画会"和"东方画会"的朋友接触时，大家都说是不满当时的画坛的作风过于保守拘泥而走上西方现代画的试探。你曾经是"五月画会"的一员，和"东方画会"的朋友也相熟。你能不能忆述一下你当时的感受，包括你的画友一般的看法？

说"五月""东方"的画家因为不满当时画坛作风过于保守拘泥而走上西方现代

庄喆
1963

庄喆
1966 棉纸裱贴于布、水墨

画的试探,我想这只是部分原因。形成的因素是多方面的。我很希望研究绘画历史的人能够把那时期的大背景描述清楚。画家自己并不适合去分析自己。艺术家的创造主要关心的是在艺术形式本身。虽然隔了这些年,我可以客观些回看,但仍然无法把细节交待。所谓不满当时画坛作风的保守,这恐怕并不是那时仅有的现象。目前的年轻人恐怕也是一样对现状不满。这不但台湾如此,整个世界恐怕也都如此。我们所处的五十年代可能是一个突变的时期,从巴黎到纽约,抽象无疑是大方向。但特色却又不同,我们想完成的是东方的抽象。我们的确提出了问题,但每个人解决的方法都不同。到现在为止,二十五年过去了,每个人还是走下去,当然也有人放弃了,甚至有人推翻了当初的想法。有的还在继续维持原有的方向,就我个人来说,并没有基本变动,只有些微弱波澜在其间吧。

我刚刚的问题要知道的不是你们当时"不满画坛作风"的反叛情绪,而是不满的实质是什么,我们才可以更了解你们所追求新质的缘由。

我想,首先,我必须声明,我的话只能代表我自己,不代表"五月",因为我们之间不能说有什么一致性,或什么共同的理论基础;当时有的只不过是松散的、模糊的抽象山水罢了。

你问及当时不满的"实质"是什么?基本上,在前面我已经指出了,那便是二分法的中西绘画不同论。我现在再申述一下:

我觉得如果只见其异而不见同是当时最幼稚的说法了。中西是有其异。但事实上,每一个时代,就再拿十七世纪的欧洲绘画来说吧,法、比、德、西、英皆有不同,而在同一国中,又有地区与个人的不同。"异"是艺术不可或缺的。可是只有"异"而无"同"仍不是真的艺术。绘画的妙,在于真有创意的大家、小家都能经过历史的见证而各有其准的存在。要说只见其异,那么无法比较了,无法放诸四海而皆准了,无法为全人类所能共同理解欣赏与评判其价值了。事实呢?清清楚楚,每一种艺术形式都有它客观的普遍性的。这里面当然有很多层次,可是只要有心接近,艺术品不会拒人于外。人们由学习才能接近艺术。我们现在回头来看中西绘画的问题,我知道中西原有可以互通之处,那么就没有理由一开始就划出领域,这样做很容易犯了剽窃别人的残形旧式。我反对的是中西画河水不犯湖水的想法。这些人因为没有创的欲望,便设下牢狱来拘禁"犯人"。我们想有所冲破,因此都成了"犯人",真是现在想来还有些感叹。

"抽象"二字在现代绘画史上占很重要的位置,是毫无疑义的,但一般人对这个用语仍是人言人殊。这个字虽然来自英文 Abstract,但在英文的用法也是有很多不同层次的分别。许多画论者只是把"抽象"与"具象"对立,如在英文里选择了 Figurative(具象、有形、可认的形体、熟识的一般生活可见的形体)相对 Nonfigurative(抽象、无形、无法与实物相认的形体)。但"抽象"作这样的解释恐怕还是狭义的。从中文"象"的意义去了解也许会清楚些。你对"抽象"或"象"的意义有什么看法?

"抽象"对我是一种精神的探险的艺术,是一种"剧",它绝对有动感,使我满足了对外界的反应、感受。我的画不是静观的。基本上它出于动、冲突、力。可是,我是以控制其平衡性的方式来处理;在形式上,"自然"退到第二线,随着绝对的形与色、线以平行的思考呈现。换言之,这里面有两个层次:独立的形的结构、自然。在我概念中的"自然"不是在一个平面上,不是一眼望去的自然外表;

庄喆
1985　50.5×40 公分

它可以演绎到局部、空中、水底乃至显微镜中。这也是我们这个时代对自然的了解与过去不同的地方。在这个时代,视觉的环境是远较过去为丰富。我觉得,我们再无法回到过去单一的古典传统去, 只能把过去的古典传统中一些有意义的东西——如结构上绝对平衡感的要求,纪律的重要,感情上的适当控制等等保留住,其他的一切都是画家个人的事了。

关于"抽象"这个名词,并不引起我过分的关心。我以为给出一个名词,再去界定它的含义,是钻牛角尖的。从现在世界上已发生过的艺术形式来看,抽象与非抽象之间的固定含义少之又少了。我们如果坚持其间有何不同,那么我说可用"绝对抽象"和"绝对非抽象"来分别好了。前者尽量少牵涉到自然的形状在内,而是绝对的形状。什么是绝对的形状?照目前已发生的来归纳,就是几何中的光滑形状。可是我们试看一个绝对的圆形仍然可以联想成太阳、月亮,一条直线也可以看成地平线、水平面。至于绝对非抽象,范围便太大太多了。现拿我的画来说,也许可以说成"多象",因为我从未放弃对自然的观察、感受。以前顾献梁先生曾把抽象译成"传神",又有人认为"抽象"应该译成"心象",不管怎样,绘画是"图像"的艺术。

你提出"象"字,这就像问诗人对"诗"作解释一样的困难。一个画家恐怕永远没有绝对的解答。是去"工作"本身来规范这一可能。作品既不是"加添",也不是"修整",应是"完整给出"的欲望。

关于"象"的解释,确是易于"着意而失真"。我之把"象"提出来,也没有要求一个"可圈可点""轮廓清澈"的解释。我问,主要还是想着你的画。同时,也想着一般人对"抽象"二字的抗拒意识。我想象下列的问题常常听见:"这张画画什么?"他们等待的答复是:"一棵树"。(对他们来说,模糊一点也可以!)或"一只鸟"。(对他们来说,略具点嘴形也可以!)他们惯于把"象"和日常所见事物用一般粗浅的教育指示他们的方式去印证。对他们来说,既然什么也不像,此"象"当然不是"象"了,便马上下结论:"不知画什么,我不懂。"

事实上,所谓"象"又如何是外形可以概括的。人们太信赖狭窄传统字典式的了解,而缺乏对先定"界义"的挑战精神。但奇怪的,他们可以接受文字上的"水意"、"秋意"、"暖意"、"气象"、"风象"……水之"意"可见吗?气之"象"可见吗?但水之"意"、气之"象"绝对可感。可感而不可用"肉眼"见之的"象"就不是"象"吗?我们如果拿出老子的三段话来看:

> 视之不见名曰夷。
> 听之不闻名曰希。
> 博之不得名曰微。
> ……绳绳之不可名。
> 后归于无物、是谓无状之状。
> 无物之象,是为惚恍。(十四章)
>
> 道之为物,惟恍惟惚。
> 惚兮恍兮,其中有象。
> 恍兮惚兮,其中有物。(廿一章)
> 大音希声,大象无形。(四十一章)

然后再转向你的画,便马上觉得那些问"画什么"的批评家是完全没有传统的根的。我们提出老子也不是什么"以玄制玄"的作法。当我们说"风雨欲来"，"欲来"是还未见风雨而仿佛在目前。当我们说"塞上风云接地阴"，在我们脑中需要一定形状、一定色泽的"风和云"，一定形状、一定色泽的"地阴"才可以感到那"气势"吗？风可以有形状有色泽吗？

情形是这样的：文字可以提供抽象的象，说"山"并不真的看见山。读者脑中眼前并没有一个具体的山形，说高有多高，如何高法，说青有多青，如何青法；每个读者不但因人而异，事实上也很少去追寻作者所写的山的"实际模样"。一般情况，读者是从他过去看山"总的认识"里去想象"山势"，去组合文字里所提供的空间关系。文字所提供的象，是虚的，反而刺激了读者的想象活动；是"活"的，反而使读者能不黏于外象特限的外形，而能自由想象。

反过来，过去的画家，愈黏外象的愈没有提供这种自由。因为是太过具体的形象，虽然对我们来说可以认得快，但却易止于形似。形似不难；形似，最大的缺点，限制了我们对物的"全面显现"的认识，惚兮恍兮，其中有象，反而丰富了观者的想象活动，反而因得"气势"及"不黏外象"而能遨游。这是抽象——在这种意义下的抽象的好处。

但抽象不是没有困难的。第一，既不黏象，作者在构织上何所凭？第二，能不能胡乱画形？我们说：当然不能。那么又以什么的"象"为"已经完成"、为"好"？（这是从未受过现代画感染的观众的立场发出的。）第三，观众易于乱猜，因为他习惯于把"象"与认识的事物联在一起，说此像"女乳"等等。画家在构织上对这些问题如何处理？

庄喆
1978　油彩、压克力与帆布　34×51.75公分

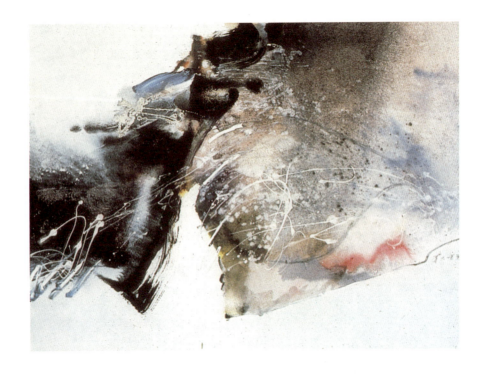

庄喆
1981　38.5×5.5 公分

你对"象"的看法很特殊,是摒除了狭窄的视觉的象而重认我们能感受到的更大幅度的象作为我们表现的依据。说我的画正表现了老子的一些话,这是偶然的切合。也许应该说,所感既相同,所表现则一,但我绝对不是从那些话出发的。因为事实上,表现的行为和感受之间还有一个很复杂的过程。

这些年来,我想我在画的"象"上的解释,是"画自有其象"。以前我并不清楚这一点,但是画得年龄越长、越久,发现外界的象和个人内在塑造中的象不是一回事。换言之,在五十年代时认为中国画的山水传统精神是与过去的一些理论吻合的。进一步解脱自然外界的细节就能托出仍是传统的"精神"来了。

现在看不然,画之道与自然之道是"并行"的。这"并行"的看法以前以为是"合一"的。看康定斯基以后发展的抽象世界,在绘画这追求从未停止过。但过去几年里有许多国人又自动解释说抽象过去了、完了,以后又是写实的世界了。我猛然思念及此,就惊愕骇异。又快三十年了啊,怎么我们的小世界观仍守得这样牢不可破,我们要什么时候才能进入真正的现代世界?这话不是三十年前我便听到的吗?

换了几个名词之外又有什么呢? 现在仍然听见人说看不懂我的画。

事实上,情形现在好多了。在台湾,能接受抽象画的人数在比例上不见得比美国的少。不懂的人自然仍是有的。艺术的眼睛、艺术的自觉是要慢慢培养的,像中国大陆关闭了这些年,不但对外面的抽象画无法认可,则连中国传统中已有的抽象能力都不能辨认。

但对很多所谓"批评家",我仍然可以在设想中反问:难道他们又看懂了倪瓒与齐白石的特质?德拉克洛瓦与拉斐尔之间又如何?毕加索与蒙德利安之间又是怎么一回事?赵无极在画的《宋朝山水》呢?真正的美术馆、美术教育、美术批评在哪里?

我完全了解你的心境。我想大部分中国现代艺术家都有这种感叹。由于美的教育的缺乏,所以更需要像你那样有美学哲思的人去教育他们,这也是我要进行这一个系列对谈的起因之一。我们还是回到你的画吧。我觉得你近年的画,在肌理营造上有很大的突破,做到自发而能自律的放恣。

我自己认为还是媒介上的表现促使我往这方面去做。因为我使用水性的压克力与油性的油彩,二者几乎是在同一时间内使用,其中的差异、互斥与互溶的极限都很大;可是出现的局面往往在不同的时间里达到不同的效果。细微之处如油彩的分子在水胶性的湿度里会凝结成大小形状不同的颗粒。小的如同喷雾,大的如同裂渠,真是变化无穷。我想我得谨慎勿坠入玩弄效果的陷阱。大致说来,从大构图开始,国画中构图上经常用"开合"来形容。在视觉上,用西方的术语就是比例、节奏、彩度、秩序这些。你喜欢用"张力"这个名词。对我"笔势"是一种架子,也就是国画常说的"骨"。

在排除抄袭自然形式的路上,画的结构法则实际上仍然从过去的美术遗产中得来。这又显示出前面提过的"普遍性"的真实。对我,眼睛看外界——自然是一回事,面对一张画布,无中生有——由开始到完结,其间的过程又是另一经历。前面提到的"并行",是双方在参照中进行的。

庄喆
1985　油彩、纸　24×20公分

比方我看见一块有绿苔的石头,其细微的色彩变化使我赞叹。我记得住那由细节到石头边缘所形成的轮廓。这记忆往往会在一瞬间从大笔在画面上的轮廓、再由泼洒的油彩、从松节油的变化、干湿、沉淀等物理作用而呈现出类似那石头上苔藓的效果来。这就成了并行。后者并没有直接抄袭自然的痕迹,可是由于石头的感动而用了类似再记忆的手法。

画其实不可能全是无中生有的。抽象的表达在画面经营上完全听取意志力。如果我只求一根直线光滑而不代表自然,那就极吻合于人为世界;因为靠手的徒手涂写,不能画得好这直而光滑的线条,那么就要用界尺来帮。这样从界尺产生的线就是非自然的人为的线了。所以像康定斯基那样由推理而完成的抽象画,最后的境界必然如他所说:成了数学的秩序。

如果说,中国艺术的精神是什么,我想对自然的尊重是根本。这样就可以连接到刚才所说的,对石头的记忆由赞美而至再现。"自然"的动机到画的产生二者之间有一微妙的空间存在。去画也不是去证实记忆;眼的观察所得到的不过是素材。就我来说,如果是好的画,它可以透过图面的种种,收集成一整体的形象;这形象能传达出我对自然的观察与赞美中那一幕幕的景象来,不是幻影——那种超越现实主义的手法或摄影写实的手法;也不是毕加索所说的骗局、假象。在立体派的观念里,最后被拼割的零碎图像必须完整地交待出实际的真实感来,像他的大作《格尔尼卡》那样,把战争的恐怖、受难者的肢体、火光、惊恐的马、妇人这些一齐还原到画面上。我要求的是非人为的,非人世的,是没有被人碰触过的自然,像海水冲洗的沙岸不能有一个人的脚印。

回到洪荒,回到原初,回到那使人对外界震慑的第一眼,回到绘画的起点,如果能做到,那就是我要传达的"真实"!

你最后一句话几乎和我讨论道家美学时所提到的一种情况一样:道家肯定无言独化的原真世界,那未被人接触、在指义前、语言前、概念前的原真世界,是完全自由自动自发自化的。但你一方面在精神上和道家相应,另一方面又肯定西方的表现主义,是相当重要的一个关键。可以这样说,几乎所有的中国现代艺术家,如果要忠于他的感受,都无法不在这两个不同的美学据点间的张力和协商下进行。我极高兴你进一步讨论你所说的"并行"。依你的描述,由石头苔藓的深刻印象透过记忆再由笔触恣意的挥发(不是刻意的模拟)重现类似的印象——这个过程基本上和传统画山水的历程是很相近的,这就表示利用了传统的美感推力来左右原属于表现主义的笔触,是重要的运思运笔的融合。

你前面也提到过山水传统对你的引导。但我记得你有一封给我的信里,说得更坚实,你说你的"细胞里没有城市",说第一次到美国欧洲的兴奋一下子便过去了。未曾留下半点痕迹,"心胸中仍是那广大的空间"。你又说:"山水的情感是否在历史的长远传统中笼罩住我们?目前我不再怀疑这是否真实的问题。它必是真,极真,根本是宗教者心目中的真理,我就这样迎上去,在工作中找解答的安慰……水墨感成为历史感,成为一根线索扯到极远,也通到我的神经里去,因此用什么东西就自然而然地向那个方向走,不可思议地。"

你对山水和水墨感近乎宗教狂热的肯定显然是一股很强大的推动力。对一般画家来说,这种狂热很可能会终止于水墨具象山水画;但你不走这条路,要在油彩里作画,扬弃单一的媒介,扬弃旧有的素材,扬弃具象形式,在这股强力的山水引力和你所追求的独立空间和画象之间,你的调协情形虽有所说明,但许

庄喆
1984　75.5×50.5 公分

多实际情况我想作进一步的了解。譬如,你有一个时期利用稀薄的油彩,是不是如你所说的要突破赵无极的地域性(法国)的技法,求接近水墨感? 如果是,还有什么其他的笔触?(你用水墨画在宣纸上的除外。)第三,我以为更重要的是:在整体空间的结构上,山水的形构(包括你自己经历的和通过传统山水画而认取的形构如鸟瞰式、高远、平远……等,如突峰留白、和不平分的均衡)对你的构象有多少影响。举个例来说,在你从上突下一大笔之后(这类结构在你的画中不少),你有时觉得必须旁加一小块,或底部展开,有时太空处你觉得比重不对,你会取天平式比重在上面加上一小笔。(我这里也许应该说明,西方的均衡与中国的均衡之别。西方往往求取平分对称法,如凡尔赛宫前面如左十尺一棵树则右十尺也要一棵树;中国的均衡,最明显的在中国字的结构上,如写"鸣"字,"口"字和"鸟"字不可以一样大小,一样大小就不美,所以称为天平或称重式。)从这类大处着眼来看,有多少受你对山水的学养所左右?

我最近常在想"双传统"的问题。照我多年的想法,中国现代画本来就是属于双传统的。因为摩登主义本身已成一传统。所谓摩登,前面已经说过,是一种国际语言,透过媒介、造型来与过去世界任何一个单独地区的艺术有别。但摩登主义这一传统仍在发展,由欧洲发展到美洲、亚洲、拉丁美洲、非洲。以往我们谈摩登主义,立刻想到欧美。现在不然了。如我们所在的亚洲——中国。本身的美术传统何其深远,一定要靠我们自己的艺术家来发挥,而不是咀嚼当年像高更、马蒂斯浅尝了的亚洲美术某种特性反而奉之如神明那种殖民地主义的想法。

你提到赵无极,他的想法、做法,我想是密切地与他当年到巴黎的时、境有关。他的法国式的品味,是把那时的"需要",他自己的,以及法国当时的客观情势所能述出的方式,来反刍东方——中国。这就成了有些批评家恭维他的《宋朝山水》。拿中国来看，五四以后的情势，比他早一代的徐悲鸿，更传统的齐白石、吴昌硕等人，脑子里可没有半点"宋朝"的影子。要之，是要把徐渭、八大、石涛、扬州八怪这些人往前再推进一步。最远不过是明朝而已。这又是怎么一回事呢？中国画家们自己最明白不过。宋朝太远了。那些被列为经典的范宽、马、夏之辈不是说不会起死回生地被中国画家们再注视，而是说，在形式表达的语言上，他们太完整。就像拉斐尔和提香两相比较，石涛和郑板桥的表现等于哥雅与梵高，我们无法舍哥雅、梵高而接近拉斐尔。

这是我的理解。当然，历史家也许有更周到的解释。拿最近一个事例来看。欧洲的德国青年画家猛烈传达出新的表现主义；从一九八一年起，震撼了纽约和整个美国，有些新杂志甚至以为是欧洲向美国的反击，因为美国一向认为战后已成了世界新艺术盟主。殊不知这种情形说变就变，美国人自己数来数去只有两个小伙子——朱利安·西拿布(Julian Schnabel)与大维·沙(David Salle)二人可以对抗。德国的年轻画家并不直接承继普普与抽象表现主义，他们从自己的表现主义再出发。这很明显又是摩登艺术的双传统性格。

赵无极的问题是：他并不站在"中国现代画"的想法上。他以为是巴黎派的，由巴黎造就而归于巴黎；但他的艺术之被认可、被尊重恰好是他有中国的血，因此在巴黎也好，日本也好，都认为他画的仍属中国水墨感的画，这其间是否有矛盾呢？

现在归到你问我的问题。我以为赵的水墨感(你注意到赵从一九七二年才开始重新画些水墨吗？)，那是他长久在法国后首次回到中国的强烈反应吧。

庄喆
1976　油画　34.5×50 公分

而我,前面说过,你也问过,从小长在水墨的环境居然不用水墨,反倒拿起油彩、压克力来,是因为(我前面也说过的)水墨的色感终不能取代真正的颜色,不能用颜色是违反这现代的生活空间的。固然,从水墨的色感可以培养并丰富我们对颜色更敏锐的辨别,那正好是扩大的、进取的做法。我们随时仍可以拾起水墨来,就像刘海粟那样。赵无极也是一例,这绝不会使他损失什么。问题在我们要不要。

如果我们这一代再不能开启新媒介的运用,那中国的新艺术仍会犯缠小脚的毛病,我用语可能过重,可是我实在不敢苟同于尊崇水墨至上的论调。

关于山水形式对我的影响。我想在繁与简的问题。如果是简,不用写实的浓缩而用纯结构的浓缩,书法的结构,尤其是草书,就出现了;因为中国字从象形出发,其中已蕴藏了自然的基本形状。但如从繁入手,染与面的关系会极复杂,但表现上容易捕捉住自然的面目,也就是易于表现自然的实感如大气、石与木的硬软、苔质等等。这些能从纹理上出现。可是一当这些出现,结构的意义又容易被压低,这是我常感苦恼与困惑的地方。这两种范围之间是否能做到恰好的融合?我想是会的,而且已经做到了一些。我不敢说已做到了。恰好相反。老认为没有恰到好处,所以常常挣扎,常常争取解决之道;可是在工作中往往又发现没有想到的,譬如某种生物的形状,既是动物性的、又是植物性的东西来,或者是人与这二者之间的。

你曾在许多不同的场合里说,你的画风很少变化。你大略把你的画分成三个时期:一九六三年采用了贴裱来制造实在感,补书法造型的不足。一九六八到一九七二是对抽象的不满或表示怀疑,一九七二年以后,好像突然水到渠成,你扬弃了贴裱,而画风无大变,一直至今。

但这不是我记忆中的印象,你画风的变动似乎比这复杂多了。我不否认你的画风有一种持续性,如六二年左右出现的云雾状结构反复在后期重现,只是肌理更见落实,结构更形坚明。又,六一年前爆炸性的线条的放射性、溅射性在近期大幅洗溶的背景里扮演部分重要肌理的角色,做到多色彩、多姿式、更放恣、更大胆地挥发,而且做到隔而不离、独立而又应和。在中间我记得还有好几种画:(一)由贴裱造成空间的忽出忽进意味的画,是由山水形象通过贴裱而简化为几何图形(用半圆、圆、对位、用两片或三片画并排成一幅, 中间的一片图形——圆或菱状里往往有活跃变化的书法)。(二)水墨宣纸画,基本是书法式,偶有色彩如红花自黑枝爆放出来。(三)用压克力把书法、红背景画在画布上。(四)"人与自然",上幅为自然用快笔抽象的凝溶形状,下幅为支离破碎人体形状。(五)用两幅或三幅画(非几何图形的)合成一大张,在一九七六年左右似乎这类画仍然不少。总而言之,变化颇多。

我想就我记忆所及,按年代作一个简单的追踪,希望你有所补充和说明。

如果我记忆不错,你在一九五八年的画是属于后期印象派塞尚式的风景。一九六〇年有少许克利的形象。一九六一年开始用书法笔触,但后有强烈的山水形象做背景。一九六二年,亦即是韩湘宁用大块釉石状的时代,你的画首次建立你独特的、至今仍以种种变化出现的云雾状油画,利用洗迹及溶线求取浑然中具质的肌理。一九六三年加入书法来打破云雾,求取离合关系。远近在一种艺术的空间里同时存在,同时消除;亦即是说,云雾状迫使观者取鸟瞰式看大幕景,而书法的冲势,又把观者拉近。书法的笔触既近,但,由于是抽象形状,也是远，似乎是在大幕景里一种自然巨大垂天的活动象限。这种离合关系成为你画中最重要的构织原理，虽然其间有变化而加深复杂的程度每进愈加。

我过去绘画的几个阶段分期在当时可以说是各自重点的追求。一九六二年开始参加香港现代画沙龙到一九六四年那段是初试"回归传统"，直觉中认为重要的一些绘画因素如黑白主调；油彩在白布上像用水墨的方式来用；大空间留白不画，随写的自由线条等等。一九六二年前短暂的用爆炸式的干硬线条的结构隐藏着内心的反抗、不安，且有愤怒的表现。这与那一段踏在校门自许独创而不能的挫折感有密切的关连。艺术界的保守，生活上的寂寞，对前景的悲观，这些都是推动因素。

一九六二年秋天的结婚是一种缓和，包括情绪上的。回到雾峰乡下的稳定生活也是造成诗意表现的成因。那三年对我总是垫底的时期。

一九六四年，你的画仍然继续发展那风格，一面开始用贴裱，尝试造成画中的"另空间"。一九六五到一九六六，贴裱采取了另一个方式。带书法溅射（彩色的也有）云雾块状的空间与有特别意义的中国字（挥春的诗句）并置，最出名的是《国破山河在》那张。在这个时期的画里，贴纸中已有几何的形状，如三角形、菱形、五角球形。

这些形状由书法、洗迹等来打破可能引起的单调。

由开始到那个时候，属于理性化的几何形状，仍然一直由你强烈的感性所压制住，并不会使人有"设计的意味"的感觉。但一九六七年左右开始，贴裱占了主位,好像到一九七三年仍未脱离。但你的贴裱,除了构成空间忽进忽出的趣味之外,一直不能算是"干燥的、理性的"。则甚至在近乎纯几何图形的画(一九六九至一九七〇年),由于你用了强烈颜色的并置,仍然显出你是属于"激情气质"的画家。如一九六九年的《两村一桥》(自然的题材,但用几何形状表达)和《月变》,在圆或方的形状里,有书法(当然不是楷书式的!),有大胆的绿、红,从定型的几何形体里蠢蠢欲动地要冲出来。那个时期我还看过你的一张完全冷静的几何图形的画(即我上面所提到的[一],见 P.182),但这类画,我印象觉得不多。

在一九六四年起用贴纸时,完全是考虑"面积"的表现,因为手写及泼洒油彩都是松弛的性能。我没有忘记效果是可以用来丰富视觉的,但不能解决骨架的基本结构之道:在师大刚毕业那年——一九五七,我实际沉湎在立体派,尤其是勃拉克软硬兼施的手法,也联想到中国传统画山水体系中山石的形态实际也是骨干,虽然在近代摩登主义的传统中面的运用逐渐走上了二次元的平面表现。我用贴纸是在骨架结构这方面的锻炼。一九六六年出国两年,回台后一段时期对抽象产生怀疑,也许是抓不住想要表达的实体感。我不认为抽象只能传达空虚,那一阵子反而对民间的色彩造型有了兴趣,可是再考虑之后,又觉得民间艺术诉诸直觉而缺乏深思的问题,我想我们应该有些画家往结合民间传统,导引到严肃艺术这条路上走,目前台湾终于有朱铭出来了。在画方面,还没有看到强而有力的人。

让我继续追迹你一九七一年以后的发展。贴裱仍占你构图的主位,包括我上面提到的"人与自然"那组画。但在这些画里,我们已经看出你重新重视自然的浑然性、流动性。所以在一九七一到一九七四之间,有两个重要的变化。第一,山水形状的显著;第二,提高了压克力的透明性、滴流性,利用颜色本身构成的边

庄喆
1978　布、油彩　35×48 寸（美国私人收藏）

锋代替贴裱，其中大量激情性的色泽的运用，云雾状（包括用颜色构成的）和溅射式、表现主义意味的书法的加入，构成一种"淋漓欲滴"的美丽（如一九七三年在台北历史博物馆所展出的），贴裱的痕迹在，贴裱的理性意味则完全消失。

也许可以这样说，一九七三年以后，是你向一九六三年那种趣味的回归，但更深邃、更丰富、更多姿。以后，不管黑、白，多种色彩、边锋、书法、洗迹、云雾状、贴裱、山水形状（较易于认可的形状）、彩色（包括白色）溅射性线条，都可以不假思索，得心应手地纵横于两三重不同的空间，在颜色上，几乎不避嫌地大胆地挥发，造成几种个性的大合奏。

你一九八○至一九八一的画，可以说是这个合奏的结果。我个人认为，你最有力的地方，是在我们乍看来像一大笔垂天的书法的云雾状构成的背景上率意涂抹而能做到我最早说的"隔而不离"（即是说，作为一种溅射的肌理，使我们另眼相看，特别注意其独立自由的活动，与大幕景隔开，但在整幅气象里，并不觉得它们不融合，所以不离），做到"独立而应和"（仿佛万物各具其性，但合而为万籁的自然）。我的描述，是我多年来看你的画的印象。和你画家本人的想法当不尽同。

无碍的。我只想说，在一九七六年时回看近十五年的努力，确似乎逐渐导向以前各种方面的综合。一九六二年起头所暗示出未完成的可能，可以说是引发出一连串的问题和解决的策略。到底解决了没有呢？到目前为止，又五个年头过去了。必须告诉你，在这段期间我不时仍有贴裱出现，可是非常少，并且是以布来剪贴的。不过这些作品几乎都未发表，数量也少，大部分留来自己作参考用。

与虚实推移，与素材布奕
——刘国松的抽象水墨画

资料篇

褒 奖 与 荣 誉

1965 台北第五届美展评审委员

1966 获美国洛克斐勒三世基金会两年环球旅行奖金

1968 当选台湾十大杰出青年

1969 获美国玛瑞埃他学院"主流 69"国际美展绘画首奖

1971 台北第六届美展评审委员

　　　巴西圣保罗国际双年展台湾参展评审委员

1976 当选国际艺术教育协会亚洲区会会长

1977 "香港当代艺术"评审委员

　　　被邀为英国国联八位代表画家亚洲区代表前往加拿大参加"国联版画代表作"之创作

1978 台北市立美术馆筹备委员

1979 获国际静坐协会完美奖

1980 被列入英国出版的"成就人士录"

1981 被列入美国出版的"世界名人录"

1982 被列入美国出版的"美国名人大辞典"

1983 被列入英国出版的"国际著名知识分子大辞典"

主 要 个 展

1965 台北市国立台湾艺术馆

1966 美国加州拉古拉艺术协会美术馆、肯萨斯州立大学艺术博物馆

1967 美国纽约市诺德勒斯画廊、密苏里州肯萨斯市纳尔逊美术博物馆、明尼苏达州立大学柯夫曼美术馆

1968 美国华盛顿州西雅图艺术博物馆、菲律宾马尼拉陆兹画廊、美国俄亥俄州辛辛那堤塔虎脱博物馆

1969 美国纽约市诺德勒斯画廊、得克萨斯州达拉斯市现代美术馆、台北市国立历史博物馆国家画廊

1970 美国拉布拉斯加州欧马哈市贾斯林艺术博物馆、西德科隆东方博物馆、美国加州圣地亚哥市美术馆

1971 西德法兰克福博物馆、英国伦敦莫士执画廊、英国布里斯朵市立美术馆

1972 美国犹他州盐湖城犹他州立大学艺术博物馆、犹他州普柔芜市布瑞根扬大学艺术博物馆、西德汉堡市汉斯胡普勒尔画廊、香港艺术中心

1973 美国加州圣地亚哥市美术馆、纽约市开乐画廊、加州卡汉尔市拉克画廊

1974 美国科罗拉多泉艺术中心

1975 美国加州洛杉矶市喜诺画廊

1976 美国肯萨斯州威其塔市乌瑞奇艺术博物馆

1977 美国新罕布什尔州普利茅斯市新罕布什尔州立大学美术馆、澳洲墨尔本市东西画廊

1978 澳洲珀斯市邱吉尔画廊、澳洲墨尔本市东西画廊、澳洲北阿德莱市格林黑尔画廊、澳洲堪培拉市剧场画廊

1979 台北市龙门画廊、西德法兰克福博物馆、美国肯萨斯州威其塔市乌瑞奇艺术博物馆

1980 美国亚利桑那州吐桑市亚利桑那州立大学、美国俄亥俄州雅典市俄亥俄州大学瑞索里尼美术馆、美国加州蒙特利市蒙特利半岛艺术博物馆

1981 美国俄亥俄州哥伦布市立文化艺术中心、美国科罗拉多州渤德尔市科罗拉多大学美术馆、台北市版画家画廊

1982 美国犹他州诺根市诺拉侬科瑞森博物馆

1983 北京市中国美术馆、南京市江苏省美术馆、哈尔滨市黑龙江省美术馆

1984 上海市美术展览馆、济南市山东省美术馆

1985 香港艺术中心

1986 澳门贾梅士博物馆、重庆市艺术馆、西安市美术家画廊

(另参加国际性美展六十八次)

主 要 参 展

1957   日本东京"亚洲青年美展"（代表台湾参展）

　　　　台北市中山堂"五月画展"（刘氏为该画会创始人之一）

1959   巴西圣保罗市现代美术博物馆"圣保罗国际双年美展"（代表台湾参展）

　　　　法国巴黎现代美术博物馆"巴黎青年双年美展"（代表台湾参展）

1961   巴西圣保罗市现代美术博物馆"圣保罗国际双年美展"（代表台湾参展）

　　　　法国巴黎现代美术博物馆"巴黎青年双年美展"（代表台湾参展）

1962   越南西贡"第一届国际美展"（代表台湾参展）

1963   巴西圣保罗市现代美术博物馆"圣保罗国际双年美展"（代表台湾参展）

1964   在非洲十四个国家巡回展出"当代中国绘画展"

1965   意大利罗马现代美术馆"中国现代艺术展"

　　　　意大利佛尔莫市市政厅"第一届国际和平美展"

1966   在美国主要博物馆和美术馆巡回展出（1966—8）"中国新山水传统"

1967   在美国大学博物馆巡回展出"中国之新声"

　　　　菲律宾马尼拉市陆兹画廊"中国现代画展"

1968   "主流68"，第一届马瑞埃他学院国际绘画和雕塑

1969   巴西圣保罗市现代美术博物馆"圣保罗国际双年美展"（代表台湾参展）

　　　　美国加州史丹佛城史丹佛博物馆"廿世纪中国绘画之发展"

　　　　西班牙马德里市西班牙国立艺术中心"中国现代艺术展览会"

　　　　纽西兰"国际现代艺术展览会"（代表台湾参展）

　　　　美国俄亥俄州马瑞埃他学院艺术中心"主流69"，第二届马瑞埃他学

　　　　　院国际绘画和雕塑竞赛展览

　　　　日本京都市立艺术博物馆"国际造型艺术家联展"

　　　　美国加州旧金山德扬博物馆"布伦达治新收藏展"

1970   美国伊利诺伊州芝加哥市芝加哥艺术俱乐部"书法之陈述"

1971   巴西圣保罗市现代美术博物馆"圣保罗国际双年美展"（代表台湾参展）

1972   肯萨斯州立大学艺术博物馆主办"中国绘画之新方向——十一位当代中国艺术家"，在

　　　　　美国的大学博物馆巡回展出两年

　　　　美国俄亥俄州克利夫兰艺术博物馆"克利夫兰当代艺术收藏展"

1973　香港艺术博物馆"第十届国际造型美展"

　　　国际电话电报公司主办"国际美展",世界各国著名博物馆巡回展出

1974　美国耶鲁大学美术馆"当代中国之绘画与书法",在美国之博物馆与美术馆巡回展出一年

1975　日本东京市大都会博物馆"十个中国先进艺术家"

1976　美国加州旧金山市中国文化中心"现代中国画的先锋"

　　　美国加州旧金山市亚洲基金会美术馆"中国当代艺术展览会"

　　　日本京都市美术馆"日本南画院展"

1978　加拿大阿尔伯塔州爱明顿市阿尔伯塔大学"大英国协版画代表作展览——第六届大英

　　　国协运动会"

1979　美国纽约市联合国总会议大楼"艺术家七九"

1981　法国巴黎塞纽斯基博物馆"中国现代绘画趋向展"

　　　香港艺术馆"香港艺术一九七〇——九八〇"

　　　巴林国巴林市"第一届亚洲艺术展览会"

1982　英国伦敦莫士扬画廊"廿世纪中国画之发展"

1984　香港艺术馆"廿世纪中国绘画展"

1985　台北市立美术馆"国际水墨画特展"

　　　马来西亚吉隆坡"亚洲美展八五"

　　　法国巴黎大皇宫"五月沙龙"

　　　日本东京都美术馆"国际水墨画展"

1986　香港大会堂"当代中国绘画展览"

　　　法国巴黎大皇宫"五月沙龙"

　　　韩国汉城韩国文化艺术振兴会美术会馆"亚洲彩墨画大展"

藏 画 机 构

美国纽约市布鲁克林博物馆、芝加哥市芝加哥艺术院、俄亥俄州克利夫兰博物馆、旧金山市德
扬博物馆(旧金山亚洲艺术博物馆)、密苏里州肯萨斯市纳尔逊美术馆、麻省康桥法格艺术博物
馆、纽约市亚洲美术馆、得州达拉斯现代美术馆、西雅图艺术博物馆、加州蒙特利半岛美术博物
馆、科罗拉多州丹佛艺术博物馆、加州圣地亚哥美术馆、加州史坦佛博物馆、肯萨斯州威其塔乌
瑞奇艺术博物馆、亚利桑那州凤凰城艺术博物馆、拉布拉斯加州欧马哈市贾斯林艺术博物馆、

科罗拉多州科罗拉多泉艺术中心、肯萨斯州肯萨斯大学艺术博物馆、明尼苏达州明尼阿波利斯明尼苏达大学美术馆、弗罗里达州圣彼得堡市弗罗里达普瑞伯德林学院、纽约州坎东市圣劳伦斯大学、亚利桑那州吐桑市亚利桑那大学博物馆、犹他州诺根市犹他州立大学美术馆、加州惠特尔市雷欧航社学院、纽约市国际电话电报公司、伊利诺伊州模林,约翰笛儿农具公司、威斯康辛州瑞兴市市议会厅;西德法兰克福博物馆、科隆东方博物馆;澳洲墨尔本国立维多利亚美术馆;台北市省立历史博物馆国家画廊、国立台湾艺术馆、市立美术馆;南京市江苏省美术馆;济南市山东省美术馆;杭州市浙江省美术家协会;英国布里斯朵市美术馆;菲律宾马尼拉大都会博物馆;马来西亚吉隆坡艺术博物馆;香港艺术馆;兰州市艺术馆;意大利麦西纳大学。

一、虚虚实实:风格的追踪

如果我们以你一九五二年的画算起,到今年已经整整三十年了。三十年中,变化很大,为对谈上的方便,为了使读者对你艺术的发展,有一个先后次序风格变迁的初步认识,容我在此先对你绘画衍化的几个阶段,作一个轮廓性的介绍;我讲漏或讲错的地方,你来补充,把表达上的一些独特的问题或美学上的问题,留在后面让你作答。

从大处看,你的画可以分为具象和抽象两个阶段。抽象的阶段相当长,又可分为许多不同风格的演变。你以具象开始,时间很短,但你接触或尝试的印象派、后期印象派的风格相当多;但在这个阶段中,可以说你没有找到自己的风格,所以也可以说是你的试验阶段。你大概是在一九五九年进入抽象阶段的。初期的几张,风格上接近抽象表现主义者波洛克。后来虽然有很长、很多的变化,但抽象作为你绘画的目标一直未变。

你初期的抽象画,可以分画面、境界两个角度来看。最早的画面用的是石膏,材

刘国松
洒落的山音
1968

料很硬,画很高大(如果我没有记错,有一个半人高),画面有凹凸。那虽说是透过抽象表现主义的方法来追寻你自己的风格,但我们可以感觉到,你那些画在有意无意间试图把所谓"境界"的东西表现出来。(一)这可以从画的标题感觉到这个倾向;你那时用了很多诗的画题,如《滚滚黄河天上来》《我来此地闻天语》《如歌如泣的泉声》;(二)利用颜色、形状和空间的处理构成一种引人深入的气氛,如那张《春花秋月何时了》。主调是绿色。这绿色中变化的层次,用文字很难表达。它使人感到它是某种古代陶瓷的颜色,但这颜色不是局限在一个器皿的小空间上,而是延展为一个宇宙式的空间。如果用诗的"心灵的眼睛"来看,说这独特的色泽和空间使人沉入古代的一种怀思,也无不可。

在这个时期的画,你比较注重气氛和空间的处理,不大注意"肌理";你多半依赖油墨流动所得出来的效果。石膏画以后,你便放弃油墨而转入水墨至今。

在你具象画的阶段,曾经同时画油画,画水彩和画国画。我记得这个时期曾画过一张水彩画。虽是水彩画,但给人的感觉却是水墨画,技巧包括后期印象派的笔法,塞尚、马蒂斯……

你指的是一九五六年的《基隆近郊》。

是。还有一九五四年的《印象派风的静物》,用的是水彩,感觉却似油画,印象派中点彩的技巧。这两张画提供了你当时摸索的一些动机、一些试探。即,用不同的媒介求取近似的效果。(至于你后来对媒介的特长有所反省而专注地将之发展,在后面的问题里你可以发挥说明。)在你由石膏转回到水墨的初期,我们看到类似的情况:材料不同,构图却相近似。譬如《庐山高》(石膏画,一九六一)和

《故乡,我听到你的声音》(水墨,一九六一)在构画上便极其相似。在你转入抽象的初期,画面留的空白较少。一九六二年在香港国际沙龙展出的两张水墨画(《流动的山》和《春醒的零时零分》),在"肌理"上有突破。这个突破,在我看来,是暗藏了你后来比较新的发现。当时我们推断你这两张画的"肌理",一部分是利用墨的流动,另一部分是用折叠纸印墨而成。这次"肌理"的发现,必然与后来利用棉纸的纸筋构成的"肌理"暗藏着某种呼应关系。用贴裱法(Collage),也可以做出类似的"肌理"。但做久了,就会有一种人工化的感觉,而且边有时会过硬;除非是表现上的需要,多做了便觉表面化。后来棉纸纸筋所产生的效果,留切边,留白痕,比 Collage 便自然多了。一九六二年这两张画,我当时觉得很新鲜。你自己的艺术用心,可以说一说吗?

我当时不想用传统的方法,也就是不用笔来作画,也想打破笔的限制。我由十四岁开始画国画,一直画到进大学。我常听老师说中锋多么不得了,不用中锋便画不出好画来。当我由西画转回来画国画时,我就觉得中锋没有那么伟大。

我记得你曾经写过一篇文章,题目是"革中锋的命",那是什么时候写的?

这倒是我来了香港以后(一九七一年到香港任教于新亚书院)写的,但以前在台湾课堂上对学生讲过很多次。事实上,在试验阶段,我认为中锋是很不错的,已经达到了一个非常高的境界;那是过去几百年来,很多画家的努力。到了现在,中锋已经没有多少发展的余地,甚至笔的发展也没什么余地了。因此我当时便开始用笔以外的方法作画。当然,这种观念是来自西方的。

关于中锋的问题,我记得有人提出不同的意见,如汉宝德便曾在《中国时报》提出过。在此我们暂且省略。你说用笔以外的材料作画，这种观念来自西方，现在让我提出你在《文星》杂志为现代抽象画讲话的文章里，或当时的演讲里，曾经举出的一个例子。你说传统画有这样一种做法：就是把咬干的甘蔗渣子沾了墨往纸上丢去。这虽说是传统中的一个故事，你当时的提出，不能不说是对传统画法的挑战。但我以为当时你想到这个例子，其推动力是来自西方的。这故事与康定斯基无意中把画倒过来看而发现新的秩序新的美，是同出一辙的。塞尚和康定斯基都曾提出过，颜色本身，线条本身，无需借助外形，便能表达出某种情感、某种神韵，与甘蔗渣子的"肌理"（在适当的表达需要下）和书法的笔触之不必依赖被认可的外物形状，便可以表达某种个性，是有着某种呼应的。起码，我想你当时提出这个故事时的想法是有着西方理论支柱的。也可能是这个想法，使你在一九六三到一九六八年间，开始大量用书法的笔法。

大致上是对的，但中间还有别的尝试，如贴裱法，如由纸的背面画，如利用纸筋等。

我注意到，事实上在一九六六年到一九六八年期间，把 Collage 加入书法笔法而构成的画，如一九六六年的《矗立》，一九六七年的《窗里窗外》，一九六七年的《横看成岭侧成峰》及《拼贴的山水》都是重要的风格。但即在这些结构上加了 Collage 的画中，主调的"肌理"仍是书法的笔法。现在我试试描写一下这些笔法的特色与效果。

你前期所喜爱的 hard edge（边锋肌理），你现在用书法来做，放弃了折叠印墨的方式，同时注意到"边锋肌理"所要求的虚实融合的问题。在"边锋肌理"的造型中，你正反二面都有做。正面的做法是利用黑的边锋；反面的做法是利用白的

刘国松
矗立
1966 35.5×22.75 公分

边锋。虚以制实，实以制虚。那时的画中，黑不一定是主调，白也可以主宰。而且白中留有线条，黑中留有肌纹，很多是纸本身的肌理供出的。一般而言，那时的画注重肌理的营选，而肌理的营选，借助于书法多于其他。你是怎样决定应用书法的？

这个阶段的画，受到的影响很多，最初是受法兰兹·克莱因的影响。其实我受纽约画派的影响很大，此外是波洛克、马瑟威尔。在中国画家中，宋朝的石恪给了我很大的启示；因为他画的罗汉，身上的衣纹全是用狂草的笔法画出来的。他这两张罗汉画给了我很大的冲击。在以前大家常说书法即画法，说以书法入画，但用在画上的书法都是行书楷书乃至篆书的笔法，这种狂草很少用在画上，就是大楷的笔法也是很少用的。

早在禅画中，就用书法画画了。

早在北宋时就有了。

我个人颇喜玉涧的画。

玉涧的画，不算书法入画，应该算是比较抽象的侧锋笔法。或者应该说，他的画给我的感觉，是抽象的感觉远超过书法的感觉。而只有石恪的画，书法的感觉比较多。在北宋时石恪已将狂草之笔法用在画中，为什么我们不将这种传统发扬光大，并将它用在抽象画上呢？此时，再回头看克莱因的画，就觉得没有味道了。我对克莱因的画，有两点意见：第一，他的画的笔法，根本无法与中国的书法相比。第二，他画黑的时候，只顾到黑，没有注意到白的空间的问题。

你提供这个意见很好。我刚刚提到正反两面的边锋肌理，在这里可以作进一步的说明。你将书法作反面的表现，境界是相当有意思的。过去传统画中的白，是留白，由虚到实，不是隔开便是渲染过去；像你这样反过来做，让"白"涌进来，有一种新的力量，是传统画中没有的。像米芾的白云是柔软的，而你的白有硬的东西。一般情况是用毛笔点"黑"在纸上，而你这个时期的画法，虽是用黑在白纸上，看来却似用笔将"白"点在黑纸上；在你的发展上说，可以说是一种突破。这种对换位置的技巧，加上了后来棉纸纸筋所构成的肌理，一直都是你画中的主宰性的风格。

对了，一九六七年的几张画，如《魔月之歌》《河山颂》《风之孤寂》等的书法笔法与这之前的有所不同……

一九六六年在纽约时，我开始用 Acrylic 来作画。一九七六年由欧洲回来，又想试创新画风。

在纸上用压克力颜料没有问题？

没问题。颜料的表面多了光亮面，也许是你觉得肌理不同的缘故。

关于往后的风格的变动，我们不知可不可以这样说：上面提到的"肌理"一直主宰着以后的画。即以"设计"（如把圆与方放在画内）与 Collage 构成的那些画中，包括三百多幅的太空画，也利用了你惯常的"肌理"打破"设计"的平面性和机械性，企图利用"肌理"的流动性引观众进出不同的空间与时间。你认为这个说法还合理吗？

刘国松
阴暗的山谷
1979

可以,但对于这个时期画面结构的想法,是相当复杂的,有很多人只看到阿波罗七号登月球对我的影响,而忽略了我风格发展下的一些需要、一些内在逻辑如何配合着当时的一些视觉发现。

这显然是很重要的问题。让我把这个问题延后和别的艺术问题一起提出来。你太空画以后基本上是回到抽象水墨画,但追寻更细致的"肌理",而在构形上比较显著地接近山水。这是你几个阶段风格变化的大概轮廓。

二、国画西画:历史与观点

现在,我想就你画画的经历问一些历史的问题。

在你具象的阶段,亦即是你的模仿时期,你一面画国画,一面画水彩,同时画油画,学过印象派、马蒂斯、塞尚、克利的笔法,在中西画之间,你当时有什么看法?

在中学时,老师一直鼓励我画国画。事实上,我十四岁时就开始画国画。在中学时画西画的人多,老师认为我应该走国画的路。我能考进师大,完全是因为国画考得好。在师大入学之前,我从未画过素描,也从未见过木炭笔。所以在师大入学试考素描时,我是看别人怎样画,我再画的。进入师大后,我和孙家勤的国画分数是全班最高的。孙善工笔,我重写意。到二年级后,除上国画课画国画外,课余的时间都在画西画。我转过来画西画的原因,主要是好奇。因为以前没有接触西画,觉得它很有吸引力;其次,那时我所看到的国画展览,都千篇一律,而觉得西画多形多色的风格比国画有生气得多。

那时我一个人在台湾,无亲无故,很穷,没有能力买油画颜色,所以画的都是水彩画。我第一次画油画的油画箱、油画笔,都是我当时的导师朱德群先生送的。我在师大期间,大部时间都只能画水彩画。等到我毕业后去教中学,我将第一次领来的两个月薪水全部买了油画颜色。从此我便很少画水彩。一九五五年到一九六一年画的全是油画,包括你提到的石膏画。这个阶段可以说是完全跟随西洋现代画的发展来发展的。

你当时所接触的西洋画家,哪些人哪些特点最吸引你?对你有什么启发? 请先从具象方面谈起。

最初,塞尚对我的影响很大。大二大三时吧,我最崇拜塞尚,其次是梵高。因为中国画用的颜色非常平淡,西画,尤其是塞尚的画的颜色很丰富,层次变化又多,对我有很大的吸引力。跟着是模仿莫迪里亚尼,后来再接触毕加索、马蒂斯。此外卢奥、克利和尼柯逊,都有些影响。

是不是通过美术史认识的。

是通过画册,一年西洋美术史的课只讲完文艺复兴。

让我换个方式来问你。西洋画的颜色吸引你,造型和某些技巧对你是挑战,但都不是通过水墨可以表现的。当时你有没有觉得水墨作为一种媒介有限制?其次西洋观看世界的方式跟中国不一样, 所以在构图和采取的角度都有一定程度的差异。这包括用光用色,你自然知道中国传统画是没有光源可言的。这些

刘国松
断云浮
1965

问题你当时有没有考虑，例如造型、结构……

我当时只怀疑国画画法的发展可能性有多大的问题，还未作分析性的了解。我们所见到的中国画的历史，画无论怎样变，变来变去都不大，变的只是个人一点点小小的风格；而整个大的绘画形式，根本没有变。对当时在台湾的中国画，尤其感到失望，但又不知怎样做好。西洋画的新鲜，使我把国画搁在一边。

"五月画会"是什么时候成立的？

"五月画会"是在我毕业后一年成立的，也就是一九五六年。一九五七年开了第一届"五月画展"。但在一九五六年我们曾开过一次"四人联合画展"。

一九五七年你画的仍然是西画。

是的，我要到一九五九到一九六〇才开始转变，更正确地说，是一九六一才再以抽象的形式回到水墨画上来。

"五月画会"会员聚在一起开画展，就像我们搞文学的常聚在一起，大家常常讨论问题。当时你们讨论有关西洋画、传统中国画和绘画的新方向时，一定有些比较尖锐的问题，可否提出一两个来？我希望你提出的不只是个人的看法，而且是同时代的画友的看法。此时"东方画会"成立了没有？

"五月"是在一九五七年五月正式展出，"东方"则是在十一月。

你们之间都认得。我知道,当年你们常常发表言论,在你记忆中,曾发表过些什么特别重要的话。

最开始大家主要是不满当时台湾的保守气氛。在当时,无论是国画界或西画界都很保守而沉闷。中国画保守着明清的画风,没有什么个人的风格和创意;在西画方面,多半是由日本人间接地受法国后期印象派和波那尔的影响,换句话说,这些影响不是直接来自西方,而是经过日本间接影响过来的。(叶按:波那尔曾受高更和日本浮世绘的影响。)

当时廖继春先生是你们师大的老师?

是。但廖继春当时的画风还是属于印象派,尚未进入野兽派。李石樵那时接近波那尔,算是比较新的。对我西画有影响力的画家有三位,那就是朱德群、廖继春和郭柏川三位先生。朱先生的画有点野兽派;在学生时代我的画风已由印象派进入了野兽派了。我们希望以我们的试验和冲劲给画坛带来一点生气。我们曾以野兽派风格的画参加全省美展,结果通通落选。我们毕业后开了一个四人展(与郭东荣、郭豫伦、李芳枝)后,便成立了"五月画会",在第一届画展里,我并代表画会写了一篇"不是宣言"的宣言。

是否可以说一说那宣言的内容。

事隔二十多年,记不清了。

在你记忆中,你们谈到的尖锐问题是什么?

刘国松
一抹沉黑
1964

我们常常谈到的,是我们是否应该表现我们这个时代的精神。

是不是意味着国画中的境界、气氛和我们现实生活脱离得太远了。

对了。但我们搞现代绘画运动并不是完全针对国画,对西画也一样。

我了解。在当时的环境,我们还是肯定中国传统画中有永久性的东西,正如我对中国旧诗一样,一直也很喜欢,且不断推崇;但我反对当代人写旧诗,尤其是当时看到的旧诗,往往搔不到痒处,你讲的是不是有这种涵意在里面?

是的。

说到时代感,让我问你这个问题。你知道野兽派和表现主义从后期印象派发展出来后,虽然都主张线条和颜色的独立表现力,但风格气氛是迥然不同的。譬如以马蒂斯为中心的野兽派,颜色光亮鲜丽,表现和谐、明亮、诗样安详的世界,很少痛苦、冲击、扭曲的一面。而北欧的表现主义就不一样,扭曲的痛苦、怀疑、精神状态呈紧张爆烈。我想你也必然接触过这些画家,但你的画中好像完全没有第二种经验。对这些画,基本上你是抗拒呢还是吸引?

是有吸引力的。但在本质上,我与这些画家不一样。我试用我和顾福生的画来作例子。在本质上,我是接近梵高的。像梵高,他生活上遭遇到愈多的痛苦时,他的画上愈要表现美好。我从小就穷困,生活很悲惨,没有父母的爱,也没有家庭的温暖,但我希望美好,所以我在画中一直表现美好,而不要表现悲惨。而顾福生恰和我相反。他生长在富庶家庭,生活舒适,美好,但他却表现了悲惨。我曾问过他："你连画笔都由佣人代洗，为什么在画中却表现得如此凄惨？"他伸伸手对我说："我也不知道。"

我曾用"个人爆发"的题目谈过他的画。他当时的画有爆炸性的东西，我一直认为你的画中缺少了冲突，也就是说没有爆炸，没有焦虑，没有愤怒。你提到梵高，虽然他中后期的颜色明亮，事实上他表现的是痛苦和近乎爆炸的疯狂。你画中的平和是不是与中国传统美学有关，即是说，在你的美感意识里，传统的美感意识把现代冲突性的经验中和了？！

中国的山水画多半是走平和的路子的。不过也不全是，如八大、石涛，甚至石恪、梁楷都可以说是表现主义的。

我终究觉得与北欧表现主义者的不同，我们现在不谈好坏。

我认为与民族性有很大的关系。

你来谈谈"东方画会"的动向好吗？

我们反对国画西画的保守，是一致的。那时我与萧勤、霍刚都很熟，常常在一起聊天。我们两个画会分别成立后，当时的"五月"是全盘西化的。"东方"倒是走东方的路子，所以他们的画会叫做"东方画会"。"五月画会"是由巴黎的"五月沙龙"想到的，因为我们当时希望朝向"五月沙龙"同一的目标。

换言之，你们早期展出的全是西画。

刘国松
寒山平远
1963　34×66 公分

是的。

那时"东方"展出哪一类画？

夏阳与吴昊当时用线条将人物画的罗汉和观音勾出来，画在用油漆倒在做画布成的底子上。画面上浑浑染染的，有墙壁发霉的感觉。夏阳勾细线条，而吴昊勾的是粗线条。他们那时是想从敦煌壁画抽出点东西来。形状仍是具象的。事实上，他们的作品比"五月"新，因为我们还是野兽派。他们虽然也属野兽派，但画比较平面化，颜色也与一般野兽派不同，灰暗暗的。萧勤画京戏、歌仔戏，用色强烈。陈道明的画比较抽象。

三、素材与表现形式的发掘

现在专就你创作的过程问一些表现上的问题。你具象画时期，透视采取直线式，石膏画（即波洛克式抽象画），你开始用鸟瞰式，至今未变。这个转变的力量来自哪里？

这是画风转变的关系。对着物体写生，一定取直线式透视。

也许是传统山水画潜在的影响？

想把水墨画的优点加入油画中，确是当时的尝试。

是不是可以这样说，在一九五八年走上抽象以后才和传统美学问题衔接。至于由石膏转回到用纸，可能不完全是美学上的问题，而是石膏本身有了限制。

不是的。这问题应该这样来解答。我们当时既然觉得中国画表现力有局限，认为西洋画较能表现现代人的思想和精神，认为水墨画是农业社会的表现材料，所以希望采用油画的表现形式。然后把中国画的优点、意境或趣味掺到油画中去。我那时用大画布，上面倒了石膏，一面希望有些"肌理"，另一方面是希望表现水墨的趣味。在画布上表现水墨趣味较难，而石膏吸水与宣纸的效果较接近。

画了两年的石膏画以后，到中原理工学院的建筑系教书，有一次和建筑师们一起聊天。他们谈到中国现代建筑的问题时，对中国文化学院的建筑颇有意见。他们认为用钢筋水泥来建造中国宫殿式的建筑，用水泥模仿木造建筑的效果，在大梁上和天花板上雕龙画凤，甚至做上斗拱，涂上鲜艳的颜料。他们认为这是做假。

是不应该的。

他们的理论是，用什么材料，就应把那种材料的特性尽量发挥出来，不应该用一种材料来代替另一种材料的特性。这一理论对我的冲击很大，我开始自我反省，我自己用油画材料去表现水墨趣味，不也是在做假吗？我为什么不直接用纸用墨呢！于是在一九六一年开始，我毅然决然地放弃了控制得很纯熟的油画材料又拿起已经不用了将近十年的水墨画，这一改变是相当痛苦的，困难的。等于又从头做起，没有很大的决心与毅力是做不到的。

刘国松
日落的印象
1972

从创新的立场来说，如果确有新面貌，我认为是无可厚非的。我以为中国文化学院的情形是坏在设计、意境、形象完全没有新意。我想你当时用石膏，应该有些新发现。除了墨和"肌理"有新的效果外，还有雕塑的触觉，空间感、重量感都不一样。当然保存也是一个问题。我觉得在你创作的发展中，这应该算是一个转机的突破。

站在中国画的立场来看是有突破，但站在西洋画的立场来看，就没有什么了。

现在我来问你一个较为棘手的问题。有人批评你的画，说你的抽象山水画只不过把中国传统山水画的形状抽象化；至于你画中空间的处理，传统画中早就有了，现在只不过在画上加了一层毛玻璃，使人隐约看到山水大致的形状。当然这种批评的涵意是不好的。当你看一张中国传统山水画时，你看到的是结构？空间安排？气势？独特的透视？还是其他的特点？你如何转化到你的抽象画上？

过去中国画强调的是用笔用墨，这种出发点是注重局部的东西。当我不注重用笔用墨后，将用笔的方法有意去掉，我便注意大的结构。至于说我所作的空间处理和结构在过去的传统画中都有过，这并不算稀奇。就是西洋的现代画和过去的西洋画在结构上的基本差异也不大。这就要看你如何在传统中取它的优点。我放弃笔墨，便取其结构，取传统画中独特的空间安排。我曾写过一篇文章专论中国画中胜于西洋画的空间安排。我不重中锋的笔墨，故取结构与气势为指标。

至于说是隔了一层毛玻璃看山水。事实上，我没有在画山水，而画中却有山水的感觉。这感觉是由画的结构呈现出来的。画中有山水的感觉，这可能与我早期画过许多山水有关,也与我热爱旅行有关。台湾的大山,除了太平山外,在横贯公路未开之前,便已游遍。一九六七在欧洲四个月,大都去看名山,在瑞士便住了两个多星期。我虽然拍了很多幻灯片,但我从不照着幻灯片或照片去画。当我作画时,只有一个抽象的概念,在进行中,往往会出现山或水的感觉,但绝对没有刻意描摹定型的山水。

我想应该这样说。你的做法显示出你与传统的应合。就像郭熙所说的,画家应该先认识山水各式各样的面貌:仰视,俯瞰,侧观,早上看,晚上看……要做朋友一样熟识。这样得到一个"原型的脉胳",留在脑里。你作画时,不一定画某山某水。在进行中,因某种空间的关系,有些山水刚好配合了,就出现在画中。我想这样来解释你的画比较合适。或者应该这样说,是虚与实互相推动产生来的一种情况,所以变化是多层面的。

你说你拒绝了笔墨,但并不表示你放弃"肌理",黑白边锋的推动(如一九六二到六三年的画)而制造了独特的"肌理"。一九六三年以后,你开始用书法制造"边锋肌理",事实上笔墨回来了;但你没有把笔墨困在某一定型的东西上。书法的好处是不受定型事物的支配,尤其是狂草,变化更大。但将字(譬如狂草的字)的一小部看成一张画,这在中国传统中没有这种想法,而西方有。后来你用毛笔来做主要的"肌理",这个推动力或者可以说是来自西方的。所以说,你将东西结合的因素很多,推动力也很多。西方和书法进入你的画中,笔墨回来了;可是笔墨的用法不一样,意思也不一样,感觉也不一样。这时你的画可以说是表现主义的笔墨。

关于这一点,我想补充说明一下。现在我教学,特别强调技巧本身的独立问题。

刘国松
吹皱的山光
1983

譬如放弃笔不用，过了一段时间，再用笔，这时笔的意义就不一样了。传统画最大的弱点是技巧和形式不能分开。画竹有画竹的画法，人物有人物的画法。画竹的画法不能画人物。在传统画家中只要能做到把技巧和形式分开的都变成了大画家。例如香港的赵少昂，本身有很高的成就，自己创造的风格也很明显。但他教的学生就很难超越他。他是一个典型的中国画老师。他画鸟的技巧就固定在鸟身上，而这种技巧，不画鸟就没有用。因此我在教学生时，只教技巧，至于技巧如何运用，那就是学生自己的事了。但我从不教用何种技巧画某种定型的东西，换句话说，我教的这些技巧，可以画人物，也可以画山水、花鸟。这样的技巧才是活的。

你这意思是以意带笔，而不是以笔带意，才可以有新境出现。苏东坡的诗论画论我一向很推崇，但他有一句话，"胸有成竹"。这句话始终是一个困难。

这句话害了很多画家。

以苏东坡的全面美学来看。他讲的"成竹"应该还是指竹的"意"，而不是形状具备的竹。这与他常常讲的"理"有关。（"余尝论画：以为人禽、宫室、器用，皆有常形。至于山石、竹木、水波、烟云，虽无常形，而有常理……常形之失止于所失而不能病其全。若常理之不当，则举废之矣。"）只画竹形的，是画匠，能掌握竹理者，才是画家。

当你教学生时，你提供一些什么空间关系的了解。教传统画时，你可以说这里放棵树，那里留空，后面放一个重的山……我想知道，你面对一张白纸时所考虑的空间关系是怎样决定的？

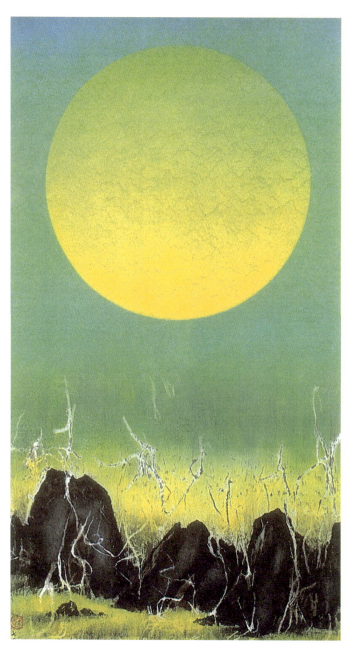

刘国松
小精灵的提灯会
1972

我想先将我作画的态度和过程解释一下。当我从西画转回国画时，我曾花了两年的时间去找不同的纸来画，来试验。这样做是因为不想用传统画家所用的材料来画画。我试用新材料的想法也是来自西方的。

我试用过很多种不同纸、过去画家们没有用过的纸。最后终于试验研究出我以后特用的棉纸来。在一九六二年，我曾用过一种糊灯笼的纸。这种纸中间夹有很细很细的纸筋。在一个偶然的情况下使我大为惊奇，这发现与康定斯基的故事有点类似。有一天我由外面回到画室，见到原来放在桌上的画被吹到地上，画的反面朝上。当时我用这糊灯笼的纸来试画，主要是想利用它的"肌理"。这张由反面看的画，上面有许多白线；而这些白线是由于墨不能透过纸筋而形成的。这就启发了我由纸的反面来画。画了很多以后，又觉得不方便；同时由反面画，笔痕与造型不能很清楚地表现出来，画面也显不出力量来。所以我想：如在纸的正面有纸筋，我画完后，将纸筋撕去，画面上仍有白线，而笔触也很清楚有力，那该多好。

为此，我曾与一些纸厂老板商量，希望他们能做一些纸筋做在纸面上的纸，而不是将筋夹在纸的中间，同时也希望将纸筋放大。只有一个老板答应可以试试，但至少一次要订两令纸（一千张），才肯做。那时我穷，终于标了会订两令，但做得不太理想。后来又订了两令，才有满意的结果。

当我用这种纸画画时，首先要看纸筋分布的情形，然后决定哪里着墨。因为我要利用纸筋，我就用大草书式的笔法画上去。那时我用的笔，不是传统画家们用来画画和写字的笔，而是用刷炮筒的刷子。这刷子是猪鬃毛做的，很硬，一笔下去，很不容易控制，甚至会分叉。这分叉，在传统书法家或画家看来，可能是一种缺点,可是在我的画中,却变成特点之一,你在画中可以清晰地看到。下一步,就用染,因为全用画写,是不够生动的。染的方法则完全是传统的。在染的时候,常常会染出山水形象来,这是很自然的事,因为过去我有传统山水画的训练,而又特别喜欢大自然,爱好游山玩水。但我一直反对以"胸有成竹"的意思来作画的。

照你这样讲,你是属于表现主义者。表现主义基本上有两种可能性。一种是仍然依着外形而表达情感情绪的变化,这仿佛小说依着一个基本故事骨干而变化。另一种的做法,如诗中的感觉,一个意象可以引发另一个意象,一个字可以提供另外的可能性。画传统画和抽象画不同的地方,是传统画受形的限制,不易超出;抽象画可以因形变形。我不是说传统画不可以这样做,但做得较少。你画画的情形,可以说纸筋给你建设了许多形状。

是,我是根据纸筋来构图的,因此我画画就像下棋一样,也就是和纸筋下棋,和笔触下棋,乃至与空间(空白)下棋。一笔一步棋地商榷着结构的变化。

但下棋的策略是根据你心中的大局所应有的布阵的。你画中的大局是什么?传统画的布局对你有多大的影响?照我想,你一旦走回笔墨的应用,中国山水画传统的结构,隐隐中仍会影响你的布局的。譬如鸟瞰式,譬如"马一角",或者牧溪、玉涧的空茫山水。

这是非常可能的。传统山水画的训练与经验,不可能一笔抹煞的,何况有时我还有意无意间从中吸取结构的精华。

刘国松
神音之舞
1964

Collage 的应用,当然与"肌理"有关。但它更重要的是增加空间层叠的压缩,即在某一个时间的空间里看到另一个时间的另一空间;换言之,也是时间的层叠与压缩。这在传统画中不见。(传统画是用多重透视、回旋透视、连接换位透视解决的。)但你和庄喆都曾大量地应用。你用 Collage 的因素是什么?

我用 Collage 的原因,是认为中国画缺少了面的感觉。中国画主要是线的结构,而且是细线的结构。我开始用粗线——即书法式笔法,就是希望把线的结构改变一下,丰富一点。西画着重在面与面的关系上,对面的运用是比较特出的,所以我想把"面"的观念用到中国画里来,增加表现的领域。

你那幅《窗里窗外》用的是另一块小方块的抽象水墨贴在一块较大的抽象水墨之上,就是你要发挥"面"的代表之一吧。在这里我想提出你另外一张用了 Collage 的画《矗立》。这张画,除了"面"的特色外,你似乎另有构想的。我记得你曾在《汉声》杂志上与范宽的《溪山行旅》相提并论。

那是一九六六年画的。一九六五年我第一次在台北省立博物馆看到范宽的《溪山行旅》原作时,非常感动,全身的汗毛都竖了起来,头皮发麻,混身发冷,直感到那座山有股压下来的力量,很大很大。其后我常常想到这张画,印象有增无减。就在我能不能以我的手法,把范宽那张画所给予我的那种强大的力量表现出来。我这张《矗立》只有二尺乘三尺不到,范宽的有十几尺高。大小是无法相比的。我在上面用了一大块效果相当强烈而略具山石形的 Collage。在下面用一条横的大笔触,因为我无法表达出范宽所给予我的那种巨大力量的感觉,所以只试了三张就停止了。

范宽和你这张画最大的区别在什么地方?

很不一样。范宽的画是一幅相当写实的作品,而我把它做了简化,抽象化。抽出我认为是给我最大压力感的结构,用我的手法表现出来。

你的画是平面的,范宽的不是。

当然。我是故意将其平面化的。

有意的。

是。

Collage 本身有一种人工的意味,所以除了平面化,还产生了"设计"的意味。Collage 最难处理的问题,就是贴上去的那张与你原来的笔墨做了隔切,而不是融合为一。但 Collage 做得好是隔合适宜,既隔且能合或隔而觉合。我想你有时贴一些山石块状在其他画好的山石块状之间,想也是要求这个效果。但用方块圆块,便显出人工化,设计化。这是你有意做的?

我虽未曾专门学过设计,但我曾教过,曾花过很多时间去研究它。如果隐约地影响了我的创作也并不奇怪。

设计影响于画,如蒙德里安那样说,什么外物看久了不是三角、四方便是圆,便是过度理性化的抽象。设计属于理性思维,你的画大半是感性的。用设计意味

刘国松
云与雪的对话
1966

的 Collage,就是加上了理性的结构。你的《矗立》可以说是把设计意味的理性
结构加在感性的范宽上。

我太空时期的画,都是比较理性的。那些画,可以套用苏东坡的话,"胸有成竹"
了。因为那些画的结构,都是预先想好的。只有笔触是即兴的。

太空画,你画了一二百张都不止。是外在因素使然(如阿波罗升空引起大家对
你那种画的热爱)还是内在表达的因素使然? 或另有时代意义的需要?

都是原因。一九六七年我把《矗立》里山石形的贴纸改为方形,贴在有书法笔触
的画上方。我是想把硬边的面感和书法的笔触试求调和。等我由欧洲旅行回
来,在一九六八到六九年左右,我在方形内又加了个圆。加圆可能是受"欧普"
画派的影响,因为那时"欧普"在欧美正在盛行,而当时他们用的主要基本形状
就是圆和方。

一九六九年初,阿波罗七号太空船到了月球,送回来许多月球及地球的图片,
包括由月球背面看到地球的图片, 从杂志上电视上都可以看到。地球是一个
圆,而月球只是一个弧形在上方。我想一个画家是不会与他的环境、他的时代
隔绝而不受影响的,全球的人都在兴奋地看太空的景象,当然我也不例外。我
很自然地想到我当时的画,如果我将上半部的方形拿掉,只留下方中的圆,再
将下面加一个弧。这样一个简单的构图,我觉得非常完美,所以就开始画了一个
系列的《地球何许? 》。这个系列的第一张,五月初送到美国"主流国际美展"参
展,得了绘画首奖。这当然是个很大的鼓励。其后我花了很多精力与时间,试验
各种不同的颜色,所产生的不同效果和感觉,在一个圆一个弧的单纯构图中求

变化。在一九六九年到一九七二年间，大约画了三百张太空画。

有人批评我画了那么多太空画，是因为我得了奖，就画个不停。好像因为西方人喜欢，受了绘画市场的影响。事实上并非如此。卖画的情形远不如前面所画的抽象水墨画。我的构图虽然基本上是一个圆一个弧，但颜色、技巧、肌理都有很大的变化；可是给观众的感觉是重复同样一个东西，这是一种错觉，对我不了解的缘故。其次，说画了三百张画，和我的抽象水墨画比起来，就少得多了。何况在这三百张画中，也有很多不同的构图和不同的表现方法与风格。

因为你的太空画有了几何的形状，别人容易注意到它固定形状的部分。你如果能举一系列逐步变化的图来说明，将很有帮助。

我想补充一点。从画面的处理来分，画家大致有三类。第一类是用同样的技法、同样的思想做不同的构图。每一张构图都不一样，但将所有的画放在一起，看起来都差不多。中国传统画家多半属于这一类。

第二类画家，是用同样的构图表现不同的感觉、感情，构图都一样，但感觉却不一样。在西方这种画家较多。例如艾伯斯，一块方块中又一块方块地画个不停。罗斯柯也画着同样的构图，但颜色有很大的变化，感觉就完全不一样了。

第三类的画家是超乎前两类的。他的画，每一张构图都不一样，每一张的技巧也想不同，而每一张的感觉也不一样，例如毕加索。这类画家是大天才。他艺术的美感像泉涌不绝。

刘国松
黑与白线的变奏
1964　75.5×50.5 公分

我太空期的画,可以说是采取前二类的方法。

至于感性、理性的问题,我常以为是不可硬性界分的。完全理性之不能画画一如完全感性不能画画一样。事实上,一个人感动得流泪时是不可创作的。一定要等某一个程度的冷凝,经过理性活动,才可以执笔。偏于理性偏于感性的分别当然是有的。

太空画以后,你回到可以说是抽象山水的路线来,你可以简述一下你画风的变化吗?增减了什么?

因为后来的太空画愈来愈远离中国传统,太接近西方的现代风格了,这样的发展不但不是我追求的目标,也不是我最初所能预料得到的。所以我悬崖勒马,不愿掉进西方现代绘画的陷阱中,但也不愿再回到太空画之前那种六十年代的画风,希望再发展与创造另一种新风格。于是我一面发展以前曾试验过的水版(或曰水画、水印),另方面,太空画中的星球也慢慢变小、变模糊,最后终于由我的新画隐退不见了。那是一九七二年年底的事了。

你何时开始用喷枪的技巧。

是一九七〇年初我在威斯康辛教书时开始用的,是受当时极限画风的影响。

喷枪的技巧究竟要取得什么效果?

朦胧模糊的感觉。我就是要用这种技巧,将星球由我的画中隐藏下去的。

刘国松
1967　35×50 公分

但你不只喷白，常常是喷绿、喷蓝的。而且喷了，不是会把一些线条和笔触盖住了吗？

对了！就是要盖住一些线条的。你知道中国画一下笔是不能改的，尤其是深的不能改浅，这是中国画中最大的困难，喷枪即是解决此一困难的最有效的方法，也可使太强烈的部分变得柔和。

对了，你由一九七二年开始发展并运用水拓技法以来，已经十年了，看起来发展得很慢，是否是因为这种技巧控制很难？

是的！这十年来，我的绘画进展较慢的原因有二：一是我自一九七二年至一九七六年做了四年的系主任。在那时，我一面要负责艺术系课程的改革，一面还要应付中文大学学院统一制度的改革，几乎每天开会。整天看公文，回公文，行政工作忙，简直没有时间作画。在我赴美休假的一年，才得静下心来思考自己创作的问题。我的兴趣、我的事业都是在创作上，如果再继续担任行政工作的话，将会扼杀了我的艺术生命，断送了我过去的努力。这就是我在一九七六年坚持辞去系主任的最大原因。所以我的新画实际上到了这以后才真正地发展出来。其次是这种水拓的技巧，的确是很难控制，我花了很多的时间与精神，去试验、去研究发展。我把能够找到的墨汁全部拿来试验，也就因为各个墨汁原料的不同，所以性质也不一样，做出来的效果更不相同。再加上与颜色"包括国画、塑胶及油漆颜料等"与挥发性油同时运用，变化就非常非常多了。对于水拓技巧的控制，一直到一九七七年以后才有所把握。

能完全控制吗？

刘国松
子夜的太阳
1969

当然不能，也没有那种必要。如果一种技巧能完全控制了，也就变成工艺品了。许多画家都要在喝了酒，半醉的状态，才能画出好画来，也就是因为醉笔之下不能完全控制的缘故。

你那种水拓的线条，非常自动化而柔软，与你那书写的笔法在调和上有无困难？

当然有，这也是我要解决的困难之一，一个画家一生所做的就是不断地去解决画面的困难，去试着将两种相对立的东西在画面上求得适当的调和。自始至终都在解决黑白、浓淡、轻重、明暗、粗细、大小、刚柔、疏密、干湿、虚实、自然与人工的冲突的问题。使其得以调和、统一。

近几年的画风如何？

自一九七七年以后，画风也几经改变。但有一点是相同的，都是先用水拓，然后再由水拓的花纹来引发想象，由于联想再塑造意境，决定技巧、完成构图。但结果却完全不同。最近三年来，我的画又逐渐写实，在画的进行中，有意无意地画出了山水的形象来，而不像以前那样抽象了。我不知道是否是受了外界的影响，还是自然的发展。但是我对于绘画史发展的看法，早已由"写实、写意、抽象"而修改为"写实、写意、抽象意境的自由表现"，不再坚持"抽象"了。也有人问我："你将来的画风会变成什么样子？"事实上我也不知道。勃拉克曾说："任何一幅画都是走向一个未知的旅程。"而我的画，每张都是在下一盘新的棋，每盘棋的发展与结局都是在事先无法预料或决定的。

向民间艺术吸取中国的现代

——与吴昊印证他刻印的画景

资料篇

1931　生于南京

李仲生先生画室习画数年,"东方画会"创办人之一。

中国现代版画会会员,版画学会理事,全国美展及全省美展台北市美展评审委员。

历届东方画展,及历届现代版画展。

展 览

1956　台北"中华民国四十五年度全国书画展"(出品油画)

1957—78　台北历届全国美展(邀请出品)

1961　巴西圣保罗第五、六、七、八届圣保罗国际双年展(出品油画参展)

1962　西德汉堡西德国际艺展(出品油画)

1963　巴黎双年季国际青年艺展(出品油画)

1965　意大利罗马、米兰"中国画家展"(出品油画)

台北"中国当代画家展"(出品油画)

台北"亚洲中国画展"

1967　美国"当代中国艺术家展"

1970　秘鲁利玛第一届国际版画展

东京"日本第八届国际版画展"

汉城"韩国第一届国际版画展"

1971　罗马、米兰"意大利国际艺术家展"

美国斯坦佛大学中国画家联展

1972　意大利国际版画展

　　　意大利亚洲艺廊中国当代画家联展

　　　米兰"中国当代画家十人展"

　　　台南美国新闻处个人画展

1973　美国华盛顿明画廊中国画家联展

　　　香港大会堂中国版画家联展

　　　台北鸿霖画廊个人画展(油画,版画)

　　　台中国王画廊个人画展

1974　台北鸿霖艺廊个人画展(油画,版画)

　　　台北聚宝盆画廊个人画展(油画,版画)

1975　米兰"中国现代画家十人展"(画家现代美术馆)

　　　香港中文大学艺廊个人版画展

1976　香港集——画廊个人版画展

1979　台北版画家画廊个人画展

　　　台北版画家画廊"第一接触"展

　　　英国第六届国际双年版画展

1963　西德石峡市个人画展(油画,版画)

1968—79　台北艺术家画廊个人画展(八次)

1980　高雄朝雅画廊个人画展

1981　版画家画廊油画个展

1983　台北市立美术馆开幕邀请出品展出

1984　台北市立美术馆"第二接触"展

1985　龙门画廊、名门画廊油画个展得奖

1972　"中华民国画学会"版画"金爵奖"

1980　"版画学会""金玺奖"

1979　第六届英国国际双年版画展"爵主奖"(Friends to the Manor House prize)

吴昊和他的版画

我们谈中国现代画，采取较广义的角度。我们不以某一种形式或内容作指标；我们要探讨的是一个中国艺术家在现代生活的冲激里所面临的一些意识状态与表达方式。这里有两种方向可以探求。其一，因为生活感受的转变而引起艺术表达形式的变化，有些画家未必考虑到这个转变与传统艺术意识发生了怎样一种辩证的关系，他们可能直接地采取了一些新的表达形式去画他们的感受。其二，由于生活感受的转变，画家试图利用传统里的一些东西，把它们翻新，给予它们新的气脉，使中国的精神或材料，以新的形式与面貌呈现。在一个真正关心中国艺术意识的画家里，前述两种方向应该是一体的，亦即是来自西方的新表现方法与中国本源的艺术意识的不断协商、不断对话。

所谓艺术的考虑，譬如松、梅、竹，无疑是代表中国古典的一些意趣、意境，代表古人当时社会文化感受追求的一些理想；但现在我们能不能够用松、梅、竹来呈示我们作为一个现代人的感受，并呈示现代社会文化的意识状态呢？先不说能不能够。这个问题的提出便足以左右画家的艺术意识，逼使他向更深的层次去探寻。新的呈现指的不尽是外形，还要牵涉到新的笔法、构图，和支持这笔法、构图的美学思想。有了类似的美学上的思考的画家，都可以称为中国现代画家。

在现代中国社会里的画家，各人的训练都不同，有些人从西方得到一些灵感，把它带入中国画的意境来；有些人用纯西方的技法，完全没有考虑到东方材料表达的性能与限制；他们甚至说："我本来就是中国人，用什么材料什么方法出来的都是中国的东西。"这种说法是不可靠、不负责任的。在创造的实际情况里，选材料、定笔法，如何才可以保留中国的艺术气质，都要考虑到。事实上，素材、工具本身就含有它表达的特性在内，如毛笔，它带有一种油画笔所无法表达的性能在内。可是，这也不是说，你用了毛笔便一定可以表达出中国的特色。究竟怎样用毛笔，其间有哪种胸怀的涵养和训练，才可以同时容纳及融汇传统中国和现代西方的美学意识、意境，是画家必须思索的。也可能有人能从传统突破出来而谛造新境，但就我看到的实际情况而言，往往是他们看到了西方现代画某些面貌和表达，"接近"了某种中国的意境，而这意境是中国没有人发展过的。然后他们便很想利用中国的材料去捕捉这一个意境。过去有不少画家都在这些线索上揣摩。

我现在想问你：在你开始画画时，亦即是当你觉识到这些问题时，你曾作过怎样的思考？或什么时候开始有类似的思考？当时的整个情况有什么一般的想法？

当时，我学画的时候，是从西画开始的，对国画并不太了解。我在李仲生的门下。李仲生也是学西画的，当然也是用西画的眼光教我们，但他作为一个老师比较特出的一点是：他要给每个人一条自己的路，而不希望大家相同，尤其不希望我们从他一个模子出来。李先生给了我们这个启发性的指示后，我们每个人就必须开始思索：我该走哪一条路？李先生给我们看了很多西方大师的作

吴昊
艺人
1975　版画

吴昊
装饰的老虎
1975 版画

品,同时也给我们看日本画家藤田嗣治的画,指出藤田把东方的精神融入西画里而在欧洲占了一席地位,又指出日本浮世绘如何影响了印象派后期的画家。他这些谈话,在我们当时二十岁的心灵中有了一定的作用。

我开始时,也是照常用木炭和铅笔画素描,后来我对自己提出了这样的问题:木炭和铅笔好像不大合我的个性。事实上,我不大喜欢。我能不能用毛笔来画素描呢?再问李先生。李先生说:可以,什么素材、什么工具都可以。于是我便开始用毛笔来画素描,用毛笔画西画式的素描。

这里有一个关键性的问题。你说用毛笔画西画,里头有一个表达性能的挑战。毛笔与木炭或铅笔作为表达工具来比,是一柔一刚。毛笔水墨的流动性所提供的笔法是中国式,是木炭或铅笔作为一种工具所不具有的。虽然你画的是西画式的素描,但很自然地会带入中国画的笔法。因为你拿的是毛笔,很会受线条的左右,或应说毛笔左右了线条。木炭或油画的处理,可以慢工做,可以堆叠,可以修改,毛笔不可以,而且要求笔笔意到笔到。你用毛笔画西画,它究竟是怎样一个面貌?这里面发生了什么问题?在你当时的观察里,有什么见地、想法?

当时画人画物,毛笔用的是铁线描。虽然确如你所说,线条包含的质、感、量,在毛笔与木炭、铅笔之间有相当的差别。但我当时用毛笔画出来的效果,则与木炭所得差别不大。这也可能因为我没有大大发挥毛笔性能的关系。我那时甚至觉得,毛笔还不如木炭那样易于控制。这时候,我便考虑如何可以跟西画、跟传统画都不一样。那时年轻,对中国传统艺术认识较浅。就在那时看到一些敦煌壁画的印本和一些中国民间的版画,就从里面吸收了一些造型、一些意念,再加上自己从西方立体派以后得来的一些构图的办法。当时面临了许多技巧上的问题。有六年左右，和夏阳、欧阳文苑三人在防空洞里，整天想怎样去表达新的意念，怎样可以将之提升为一个现代中国的东西？

那时"东方画会"成立了没有？

还没有。"东方"是萧勤到了西班牙以后，看到今人画会很多，才建议我们成立的。"东方"的意思也就是要表现中国，提升到现代。但我们都是学西画的，很自然地要从西画里寻求去提升一个新的面貌。当时的画坛，充斥着学院派的画和印象派的画，抽象还未出现。

这时，萧明贤就在甲骨文里找，李元佳在书法里找，萧勤在平剧里找，而我呢，则从民间艺术里找，找可以呈现现代中国的东西。每个人分头去吸收，都想把找到的元素融入我们的画里。这当然不是一个简单的过程。我们花了很多时间去揣摩，去思索构成。

你们在甲骨文里、在书法里找，在民间艺术里找，后面都含有一个意思，那便是在这些东西里可以找到一种现代的感受，或者可以完成现代感受的一些元素或手段。你们必然在里面看到一些与现代（西方现代）共通的东西，不然你们不会走这条路，对不对？那你在民间艺术里，从这个角度去考虑，你找到了"什么"？找到了一种属于"现代"的意念？

我想我来这样说吧。我十六岁便离开家乡，那时画画的动机之一，难免有点乡愁，回忆家乡童年的生活。那段生活是比较接近民间的事物的，包括玩的东西，过年过节所见的门神这类与我们童年生活关系密切的事物。我画的多半是人，

吴昊
马上嬉戏
1976 版画

民间艺术也多以人为主。我向民间艺术借镜(但不是模仿),其道理与毕加索从非洲面具吸取滋养,莫迪里亚尼从非洲原始艺术吸取滋养的情况有相当的类似。藤田嗣治从浮世绘里取火,也是把一些元素转化为自己的。李先生以前向藤田学过画,平常也和我们谈到吸取滋养的问题,对我们也有一定的启悟。在我的情形下,乡愁却有其特别的意思。在第四次全国美展里,教育部特别选了我那张《庙会》,给了我在民间艺术里继续追寻很大的推动。

你的答案没有触及我问题的核心。你在民间艺术里选择的重点如果是在题材上,这可以解释为一种寻乡土的根,让你童年很熟识的事物重新呈现。但我觉得你要做的不是只为重现某种题材,而是另有所求。你画出来的,和民间的画,有一定的差别,不知你能否说明其间主要的差别?

让我试着把问题扩大来谈。譬如以萧明贤所借火的甲骨文为例,如果我们把它放在现代艺术大的发展史来看,甲骨文所给画家的兴趣是线条的艺术意味,如此也就说明了,线条本身,如书法(尤其是狂草),就可以构成一种艺术,它无需依赖外在形象。如此想,字、书法就是一种画,线条本身有一种表达情感的能力。这一点,正如我多次提到过的,也正回应了西方现代艺术理论相似的说法,由梵高、康定斯基等人提出,由后期印象派、野兽派、表现主义发展,都曾把美感凝注在线条的强烈性上面。

我问的就是在两个美学传统相呼应的这个层面上,你从民间艺术里,是不是找到了一些这类呼应的事物,促使你把西方现代与传统作了某种结合,而又能与民间艺术有别?

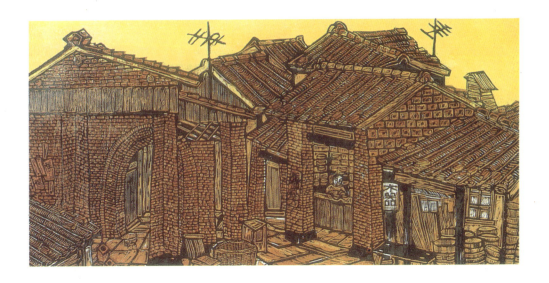

吴昊
淡水旧屋
1972 版画

对。我的情形是在线条和颜色上。我那时候要追求的,首要的,是要现代化。当时抽象画、新具象画在欧洲已很普遍。但要有中国的特质,又要与西方和中国传统相异,绝不可以用抄中国传统画的办法。在我当时看来,最显著可以发挥的便是民间艺术所呈现的色、线与色、线的关系。西方人用线和我们中国人很不相同,这也可以说明为什么我最初想用毛笔线条融合到画里。

在线条的问题上,如果我们换个方式来问,也许会更清楚些。仕女图、帝王图那些人物画,也是用毛笔勾线,但和民间人物画的线条(尤其是你所喜欢的门神那类画)表达的层次很不同。

我特别喜欢民间的版画,是因为在整个画面的构成上跟传统的中国画不一样;它比较有现代的味道。

你指的是什么呢?

合乎现代画的理论,如变形。

变形在你后期的画用得较多,而变形,在西方现代艺术里常与表现主义有关。民间艺术所呈现的线条,是不是也比较接近表现主义的线条呢?

也许应该先了解中国民间艺术在历史上的位置。我们从民间版画里刻出来的线条提炼,这些线条代表了一种精神。我们提炼的动机可能比手段更为重要,那动机便是要肯定一般正统传统画以外另一些不甚受重视的民间艺术,包括敦煌的壁画。

也就是说你从民间艺术里找到一些传统画没有的东西。

对。那就是它的朴拙,它颜色的鲜艳。其实,唐朝时的颜色一度也很鲜丽的。但在文人画的影响下,那鲜艳的色泽消失了;民间的艺术则被视为庸俗、土气。我的画颜色强烈,也有要重现过去被遗弃的艺术特质的意思。我对民间艺术特别好感,就是觉得这个艺术可以刺激我想象的飞跃,可以给我很多推动的养分。

我可以这样去解释你当时的感受吗?我们看中国传统的画,造诣当然很高,但是属于磨练过的,正如我们看玉,到了宋朝磨得漂亮极了,很文雅。但这文雅中却忽略了、冷落了其他表达的层次。换言之,民间艺术保留了我们整个表达网中的粗犷、不雕琢的一面,这不甚被传统接纳的一面。这里也不是说它们完全被遗弃了,但在艺术史上并没被放在重要的位置上。民间的画的色、线、造型与传统画比是粗糙(即从传统定型的美学观点看来),可是它正好把那被磨掉的一部分再呈现出来。其实,在这一个层面上,你和毕加索他们取材于非洲艺术的意义是很接近的(而这,还在造型的提示以外),和高更从大溪地追求更大的表现手法也接近。你对民间艺术的喜爱,似乎在"乡愁"之外,与他们的动机吻合。

对。我们需要肯定我们几人当时要追寻的东西(甲骨文、平剧、书法……)所给我们造型上的启发。

你刚刚提到变形。你是不是在民间艺术里找到一条变形的路?

不只是民间。但民间艺术,因为它本身有着装饰的倾向,讲究对称,如门神,如年画，就很容易有一种变形。要构成装饰上需要的画面，便要离开传统的形状。这刚巧合乎我的口味。

你这种说法很有趣。诚然，在人物画上，传统往往把人的脸，尤其是女子的脸，理想化如修长尖细等，而自成一种因袭。民间画，虽然亦有它自己的一套因袭，但却有另一种开放性与自由。脸可以画得圆滚滚，其他的部分亦可以夸张。而由于它富装饰趣味，有时为了配合实物，会把形状简缩或伸长而变形。另外，民间画又与民间信仰息息相关而诉诸神怪的想象，对变形也有一定的推动。其实在传统的山水画中，虽然一向以逼近"自然"为主，但也有变形的情况，尤其是由人物画的梁楷的线条发展下来对怪异人物夸张的处理，亦曾转化到明清以来如八大等人山水的变形。我想意思都是一样，是对文雅化的传统的一种反叛。

对。当时大家都有这一共同的想法，这显然是原因之一。现在大家很重视民间的东西，可能是因为那种艺术已经逐渐被机械文化所吞没，而引起一种新的乡愁。但在我们那个时代，它根本没有受到应得的重视。

现在让我们进入"怎样处理"的实际问题。如果我没有记错，你从民间艺术吸取滋养时，你第一步不是版画，而是油画。

对。

这里面有一个有趣的问题。如果你一开始便做版画，那你便等于直接回到民间艺术的形式去。但你把本来是刻印的效果，要用油画的方法呈现出来，在表达

吴昊
林中旧屋
1976 版画

吴昊
旧屋
1975 版画

意义上是新的。有点要画到似刻印一样的意思。你用油来画线,这又好比要回到刻版前的状态。画出来当然不是版画,但又有些版画的味道。

主要是在造型上有版画的痕迹,整个感觉仍然是油画。后来也有人认为我的油画似版画,我便转向版画的试验去。

你当时为什么决定用油画而不直接用版画呢?

那时在我心中并没有作太多的区分,也许因为我熟习油画便先用油画。

但二者有一定的区别,在表达性能及效果都不一样。

当时实在没有那样去思想。我用油画,是觉得油画的颜色强烈。而且我很想能把线条融汇在里面,在油画里有较大的可能性,虽然其中困难不少。其次油画能表达更多的层面。

版画给你最后的感觉比较平面化,是一种压得平平的感觉。虽说也可以叠色,但经过压印,肌理还是平的。可是油画则不然,油可以叠而突起,可以造成一种触觉上立起的肌理。在这个层次上,你的油画一定和民间版画不一样。

但我的油画也是平面的。

说是平面,其肌理仍然是不同的。

从肌理细看,二者确乎不一样。我转到版画的原因之一,是材料油太贵了。其次现代版画会成立,我很想把版画提升到某种艺术的高度,冲破它本有的一些限制。

你觉得你后期的版画和早期的有什么大的差异?

以前的油画及早期的版画比较童趣,多以乡愁为基础,对过去怀念。后来的版画比较接近现实,画很多房子,包括违章建筑、破房子。我那时住在南机场,那边有大批违章建筑。我对它们发生兴趣,是这些违章建筑从前在台湾是没有的,它们都是由大陆逃来的老百姓所建,是历史生命的一个转折点,是时代特有的产物。现在已经消失无迹,这就代表了过渡的、临时的留迹。对我来说,自有其意义与感情在内。我天天见到,无形中便把它们刻印出来。那时的题材跟我现实的生活有一定的关系,我把童年乡愁那些事物抛掉。

可是,像你刻印石碇那批版画,是因为造型的吸引,还是有什么特别的意义?

是建筑的造型给我一种特殊的兴味。但我那组画却不是写生式的。我把许多建筑重新组合而成。这种组合的方法是所谓转位法,理论来自超现实。该理论试图把很不同的东西安排在一起,如把一个静物放在海滩上。我吸收了这个转位法,而应用到物象的重组上。我过去的画便曾有人飘飞在天上,有玩具出现在不预期它出现的地方。事实上,一个画面的构成,往往不是一个来源,有西方的,有中国民间艺术的,有油画特有的,有传统造型上的,综合起来,再加上我个性上接近的喜爱或想表现的意境,然后融合起来。

关于造型的情况,你有一个特别喜欢处理的空间。你利用民间意趣的人脸,用不同的脸,构成一个画面。这当然不是写实的,不是按照我们视觉的逻辑去安排的。这与你刚刚所说的转位法有关。这种构成在你风景的版画里,如你所说,也有应用,但我觉得与一般的超现实不同。举那幅芦苇草为例。一大片压倒性的芦苇几乎完全围住、几乎一半盖住后面占画面不多的一幢庙式的屋宇。这可能在实境中不能找到,而是你拼凑出来的一个景。但这个景却是完全真实的,完全可能有的。譬如如果我们伏得很低从芦苇草看过去,很可能得出这样一个景。超现实中不同景物的安排在一起,往往是有悖常理来给你一种警觉。这,在你的画不会有。

至于那些用孩子的脸构成的画面,则是带有设计意味的。在你构图时,有哪一些思索?

我有两个倾向,有时喜欢写实,有时喜欢想象的事物。我希望两者可以合而为一。

我画里有不少自己的语言,我趁此提一提。我的画里很多暗示性、象征性,虽然我一时也说不出暗示什么、象征什么。但那暗示,在观者来说,往往因人而异,有时会得到不同的结果。我不打算、也无法一一说明我每张画暗示什么、象征什么。我只想说,我画中的暗示性,和我整个生活有关。我生活中有很多的压抑,很多不愉快的事,虽然也有快乐的事。这些心境都会进入我的画中。如果画家没有把感情投入他的画里,它便不能给观众一种感受,如此,就始终不能叫做好。耐看就需要有内涵。愈看愈觉得里面东西多,那样才好,才有深度。表面浮光、光是颜色的快感是不够的。画本身能吸引人,李仲生说,就要有魔力。魔

吴昊
芦苇中的旧屋
1976 版画

力也许就是那引起人共鸣的地方。

缘情说、感动说、魔力说都略嫌简化了些。一首诗、一张画应该提供读者、观者一个活动的空间，让他进入那环境里参与其中美感的活动，去感受其中的层面。我觉得你的画也是这样的。你有两种画：一种接近写实的状态，一种是拼组画面，两种的空间都不同。

现举第二种为例，我指的是用孩子的脸的组合，是以一种跳舞的律动出现，是一种颜色的旋律。它本身很开朗，有一种庆典的意味，一种过年的感觉，一种转动。这，也可说是暗示性的一种。事实上，有许多点我们可以感着。首先，我们似乎可以随着画而进入一种庆典的律动里，感着一种高昂的情绪和跳舞的状态而兴奋。(你偶然也有深沉色泽引起沉郁的。)其次，你这些画具有装饰性，其趣味自然跟一般的画不同。既有装饰、设计的意趣，我们便不求特别的含义，而取其本身自成之趣为美。再一点便是变形所造成的空间关系，仿佛每一个不同的方向引起不同的进入。

在你比较写实的画中，往往利用角度来引领。你有两个常用的角度，至于它们表达什么意义，我暂时也不打算作解人，不打算作很肯定的说明。一个角度是从很低点向上看，如那张芦苇。一个角度是从上面作鸟瞰式。这两个角度用得很多。前面往往是满满的，后面只留一点点空间容纳比较小的事物，如月亮或一个独立的房子。你的画往往是填得满满的，这与传统画的留白、留空几乎走相反的方向。

我想这与生活有关。我开始时并不满，到后来总是很满。我只能说这跟我们生活的空间太挤有关。

在我看来，"挤"可能有两种意思，一种是倾向于不快的，如人挤人；另一种是
"热闹"，我觉得你有一些画是属于"热闹"气氛的，包括《庙会》和童脸的拼组。
你的画，牵涉到人，近乎都热闹；但一写自然（包括没有人的房子），虽然很挤，
却很孤独。

有这样的情况，甚至有人说我的画中，人的世界和风景的世界隔开。

我是觉得画中是蛮孤独、蛮寂寞的。

我的画中确是热闹中有孤独。但我是要画面中出现生命的，即就没有人的风景
里，也会有电线、衣服这类事物。

可是，这些事物——所谓人的痕迹——并不能剔除孤独与寂寞的感受。画与文
字在表达上有一个区别。我也写过一篇关于挤得满满的屋顶的散文，题为《微
雨下的屋顶》，是用一个画家的眼光去看的。由屋顶而联想到屋檐下人的种种
活动。因为我用的是文字，我一转便可以写到人活动的描写上去。但画家要转，
便要画一张全新的画；画是一瞬间的显现，文字可以活动于一连串的事件之
间。你在画画时有没有面临到"叙述"上的问题。

我画房子时往往没有想到人，也许因为有了人，画面不好安排之故。我画人时
也就专注于人上面。这二者为什么会或者是不是互相排拒的，我并未细想。

我觉得你的画呈现的还是你个人的意识状态、你的感受比较多。当然,画违章建筑或很挤的房子也是反映了生活的情况,可以算是一种"叙述",甚且可能是"评语",这是无可否认的、是存在的。起码你使人注意那些房子。但所谓"评语"是什么,并不清楚。你的画还是邀观者进入画里的环境去联想,走进入你的感受。一般来说你画中的孤独感是很强烈的。

现在再谈你转位、拼组的相关问题。因为不按实境去画,而拼组,便无所谓光源可言。如果有,我们应该怎样去了解? 这当然也就牵涉到西方传统的明暗法。

明暗光影确实没有。有时有,会被融入线条里,隐约可感而已。

换言之,已经没有刻意去做。既然如此,你的画配合了现代画。而同时又配合传统中国画之超脱光暗问题,事实上,到了倪瓒是完全透明的。

现在来谈颜色的选择:你的画中红、黄、咖啡、深颜色特别多。寒色如绿色则偶有而不见著。这是与你个人气质或感受有什么特别关系?

我自己很喜欢颜色,但每个画家都各有偏好。我喜欢强烈大红的色泽,但整个画面呈现的确是暖色的调子,很少强烈的对比。我用线来分割生命。颜色本身受到线条的分割,便减少其明度,原有的强度被冲淡了而产生暖色。有一个时期,我曾经这样想:版画印作的过程,是先印一块块不同的色,犹如一块块生命的呈现,最后才套上黑线。有一次我想不把黑线套上去,但总觉不妥,觉得没有东方的味道,而且是很西方的。黑线印上去后便完全不一样。这黑线在中国画里显然是很重要的,其中一个作用即是我刚刚说的把颜色减弱中和。

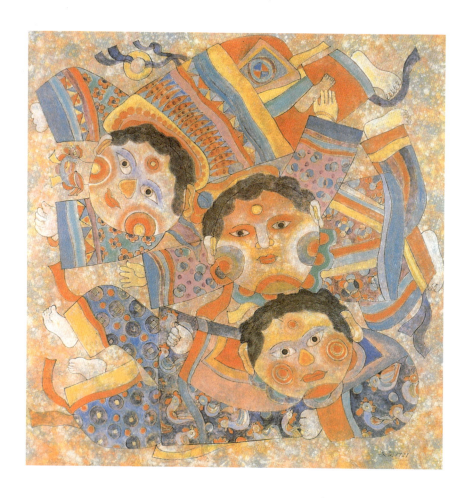

吴昊
三人
1983 油画

这很有趣。线通常可以构成一个边。而你现在说,是使两个颜色中和。这跟点彩派的方法很相异。他们把两个不同的色并列而没有线,让观者在感觉中融为一色。现在你讲的是隔而又中和,很值得我们进一步去思索。

你说你的画整体来说是暖色,而中间又有一种强烈的孤独感,这中间又是什么样一种关系呢?

这恐怕只有你诗人才有这种体会。别人很少提起这个。他们只看到表面颜色的热闹,而不易感到其间的孤独。这也许和我的整个生活的遭遇有关,倒不是要刻意如此。

用诗人的话来说,是一种不易为人听见的呼喊。但在你的人物画里,童心、童趣却很显著。

我的人物画通常以家庭人物为主,夫妇孩子六人。我多半以孩子为模特儿。《汉声》杂志有一期介绍我的版画,黄永松来我家拍照片,刚巧把我的四女儿和后面的风筝拍进去,发现和我画中的童脸和放风筝很相似。显见实际生活中的事物有时会不知不觉地进入画中而决定了整个构图。

我近年有一个顾虑。你们各人找出的新路,无疑是一种贡献,以后艺术史大致不会跳过你们所作出的努力而不提。近年却觉得,大家都被自己找出来的语言和形式围死了,这包括你自己在内,好像都已经在重复自己,你觉得我的顾虑合情理吗?

我认为你有理由那样顾虑,好像大家都面临一个危机,不易克服,不易提升到一个新的高峰。但我仍然有突破自己的信心,但需要时间。

意识识物物识意

——与何怀硕谈造境

资料篇

生 平 纪 要

1941 生于广东

1965 国立台湾师范大学艺术系毕业

国立台湾师范大学美术系展第一名教育部长奖

1969 任教于中国文化学院美术系

"中国水彩画会"会员

1970 任教于世界新闻专科学校电影科

1971 应聘为台北国际妇女会绘画比赛评审委员

"中华民国画学会"会员

1972 中国艺术家代表团领队赴日本、韩国旅行及考察美术

1973 应聘为中国参加巴西圣保罗第十二届国际双年展审选委员

1974—8 旅居纽约,攻读硕士,应邀在美加等地展览,并访问欧美各地

1977 获纽约圣若望大学艺术硕士学位

1978 获中国文艺协会文艺奖章

1979 当选国际青商会一九七九年"十大杰出青年"

任教于国立台湾师范大学美术系

1982 国立艺术学院美术系专任副教授

个 人 画 展

1965 阳明山美国大使馆、台北国际画廊

1969 台北中美文化经济协会

1970 台北凌云画廊

1973 台北省立博物馆

1974 台北省立历史博物馆；美国纽约中华文化中心

1975 美国费城宾州大学、麻州圣橡树女子大学、纽泽西州雷莱蒂斯画廊、华盛顿王明画廊、纽
      约圣若望大学、纽约 HMK 画廊；加拿大哈利法克斯圣玛丽大学

1976 美国印第安那州印第安那不勒斯博物馆、纽约州艾森豪大学、缅因州波登大学、纽约州
      史基德摩尔大学

1978 美国纽约州华莎女子大学；台北省立历史博物馆；加拿大渥太华国立图书馆

1979 台北阿波罗画廊、省立博物馆

1980 台中市文化中心

1981 台北春之艺廊

1982 伦敦莫士扨画廊

1984 台北省立历史博物馆；香港艺术中心

团 体 画 展

1963 省立博物馆"台湾省第十八届全省美展"

1969 西班牙马德里"中国当代美展"，并于欧洲巡回展览
      纽西兰屋仑及惠灵顿"中国现代绘画展"
      台北耕莘文教院全国水彩画展
      省立历史博物馆全国书画展

1970 美国堪萨斯大学博物馆"当代中国绘画九人展"
      台北耕莘文教院"中国现代水墨画展"

1971 省立历史博物馆"中美画家联展"

1972 美国加州大学"中国周中国当代画家作品展"
      中华博物馆"中华名画家邀请展"

1973 法国巴黎"中国现代艺展"
      台北国父纪念馆"中国当代名家展"
      省立历史博物馆"第二届当代名家展"

1977   加拿大哈利法克斯"当代基督教艺术大展"

1980   巴黎塞纽斯基博物馆"中国现代绘画趋向展"

1982   伦敦莫士扨画廊"廿世纪现代中国画展"

1986   香港"当代中国绘画展"

我和你早期完全没有接触,对你早期发展的路线也不甚清楚。我记得你在一九六五年左右毕业。可以先谈谈你那时画的面貌吗?

我一九六三年的《高树悲风》,是我三年级时的得奖作品,可以作代表。

那时好像传统画和现代画的斗争热潮已过,抽象画的狂热也已淡下来,而且有不少人已经逐渐回归传统了。在你的训练里,画传统画多呢还是画西画多呢?

我现在简单地告诉你我学画的过程。绘画与文学,好像很小的时候便注定了。我小学时代已画水彩素描,小镇里的人都知道。我也入迷文学,喜欢看书看画;但数学很不好。高中便入艺术学校、学院念书,受的都是西洋学院式的训练。国画是大学时代才画的。

你当时接触到的西画有哪些?

是典型的写实主义。我们花了很多时间去画素描。

有印象派的画吗？

我很崇拜十七世纪的伦勃朗。但我们受的训练是画石膏像，常常花上几十分钟画一张；不像法国印象派那样比较注重感觉、主观，自然也比较有味道。但我们的训练比较理性化，讲究用科学的眼睛去看它的轮廓、比例、光暗、质感、量感、调子，仔细的观察与描摹。这个训练有人看来是一种束缚，但我觉得这个基础给了我很多好处。

拨开科学、理性的问题。画素描之外，你自然也看了一些画。这些画给你的印象在你后来的画中有没有什么启迪推化的作用？

我那时候对印象派如梵高及后期印象派的画是不大懂的，觉得那是非常个人化，而且不是一个少年可以学好的东西，很容易只得个浮面。所以我看莫内和马内等则比较易于接受。

假如以一个很粗略的分类来把欧洲的画分成北欧派和南欧派，说北欧比较暗淡深沉，南欧比较明亮轻快。在你的记忆中，你比较喜欢哪一个类型？

我们少年的时候不比现在的青年那样容易看到这么多画册……

你那个时候在哪里？

在广东乡下。我们当时没有什么机会，很孤陋寡闻，只晓得写实主义所要求的严格训练。

你转到中国画的原因是什么？

一个学西洋画的少年对传统国画很容易生反感，因为看到太多千篇一律的兰竹，常是说象征道德什么的；很有游戏意味，写很多字，题很多诗。拿这些来和西方的画来比，会觉得绘画性很薄弱。高超的中国画多靠灵性，文人都很有灵性，可以弄得很有情趣；但手低的灵性低的便走上千篇一律和公式化，按规矩画梅竹。所以从事西洋画的人，多半会对中国传统画产生厌倦。

我的重大转变，可以说是从看任伯年的画开始。任伯年的画和同代的一般中国画很不一样。任是一个小市民画家，从内容到形式都有新的突破。从中国社会的转变里，把传统中文人画从为形式或以道德使命道德精神为内涵的传统中转化出来。

跟着看到吴昌硕。吴昌硕原来也是文人画的典型，但是他在画的形式上和技巧上有很强的个性；他把金石、书法和他自己写的大篆的本领加进他的画里，后来影响到齐白石。我领悟到，近百年来的中国画已经有一些很了不起的创造性。再往下还有徐悲鸿、傅抱石、黄宾虹，都已经从僵化的国画中做了重要的转变，和中国文学用了现代白话以后的创新情形有点类似。

我想你提到的那种情况，即对传统的错觉，是和我们的教育形式有很大的关系。譬如一些老师跟你说：画竹一定要这样画，画梅一定要那样画；然后给你看的东西，像董其昌以来强调传移模写。传统里很多东西看不到，可能是老师指导下并不太欣赏那些作品，也认为初学的人根本没有资格去看那些作品。换言之，不相信视觉接触本身也可以启发个性与灵性，而一定要用死法来习画。我个人偏爱南宋画、禅画和扬州八怪,包括一些扭曲的石与山。但很多教画的老师很少引导学生去观照那些作品。你说,你的自觉是来自近百年的新画家,究竟他们里面所呈现的面貌和技巧,是他们新创的呢,还是从以前被人家所忽略的东西里发展出来的?

我想应该说,还有环境的限制。一般年轻人,在那个时代,明清以前的画相当隔绝,一来是买不起画册;二来就是有钱也是可遇不可求,不像现在要看什么都比较容易。博物馆也是不可求的。从乡间的环境,看到的就是那么一些东西。我们就不可能去追求或关心到底以前的创作是怎样伟大。到后来反而从近人的作品中回溯。这些人的画使我觉得中国画未必一定是死胡同而见到了一丝曙光。

我转变中的第二点因素,和我成长的过程中对中国文学的热爱有关。那里面给我浓烈的中国文化、民族精神的启示,就觉得只要大家努力,这种精神必然可以在画中再现。

其次西画画久了再和中国画比较便也开始发现西画中的缺憾。写实的西画花很多时间去处理细节,和一些好的中国画一比,我慢慢注意到中国艺术中另有天地:它容许艺术家的主观想象违背现实而建立一个超然的特殊的世界,是极可以发展的方向。

让我现在从正题上问你一些问题。当一个画家面对世界的时候,他选择什么东西作为他欲呈现的美感对象。我们从画家所选择的美感对象可以更清楚地了解画境之为画境,和画家表达策略的缘由。譬如以山水自然事物为例,在西方,在柏拉图的影响之下，认为外在事物是变动不居的，不可以作为真理的依据，而追求一个现象以外的抽象的理念世界；由是，自然山水事物在画中就不易成为独立的美感对象。中国，在道家的影响之下，认为"山水是道"，山水本身，无须指向人为的抽象理念世界，很容易便成为独立的美感对象。一个画家也可以强调内心世界作为主要的美感对象，如此画家所用的外在事物（包括抽象事物）则多作内射、象征的活动。又，如果画家重视人与自然的和谐关系的，便会把人融入自然；一般来说，人在画里，不是不出现，便是出现了也不占主宰的位置。如果画家要反映人与自然的冲突与对立，人往往占有主宰的位置，自然反而成为可有可无的衬托背景；则在没有人出现的画面上，人与自然对立的强烈主观感受，或通过事物的扭曲，或通过色调的象征，会跃然于纸。当然，也有画家认为背向社会是一种罪恶，而专心写人事、事件。

如果我们现在转向你的画，我想第一个反应不免是：与自然事物有关。但你所选择的事物和处理的方式，从上述的美感对象的情况来思索，是独特的。我现在的问题是：你所选择的事物，不管是真景或你所说的造景，你欲呈现的美感对象应该如何说明？

我想我最想表达的，不是自然的美，不是去捕捉柳絮轻拂西湖的美。画的味道应该超过这种记录式的写法。我也不走社会写实的路线，以画为历史作见证，为社会的变迁而捕捉人物的活动；这方面，西洋艺术表现得比较充分。中国艺术，由于一些特有的因素，譬如哲学的影响，把自然放在最崇高的位置，把技巧完全放在那上面。另一方面，中国的技术，一直都没有突变的发展，一两千年来都停滞不前，所以要用中国笔墨来表现现实社会，如表现工人的活动，西洋画有一个长的传统支持，中国则不容易。就以衣服为例，两千年来中国画中都是

何怀硕
月光
1968

用长线条来画流动的宽衣服,民国革命后的西装,在形式上便是大异。这个突变,传统画一时还应付不了。

我对社会动态的表现比较没有兴趣,并不是说不应画它。人各有志,为社会服务,或表现人生悲苦,引起人道精神的认可,都是很好的理想。但我在这方面的兴趣不强烈。我想做的,是想通过一些没有时代限制的题材,这包括山、树、日、月……

没有时代的限制是超越时空的意思……

是。其实,河流、树木、山、水,这些东西本身并无所谓古今。像月亮,"今月曾经照古人"。当然,我要表现的,不是题材本身,而是利用这种不受现实意义限制的题材来表现我个人对人生的一种感情;就是说,我要在画里经营各种不同的境界,来表现一个活着的心灵,对人间、对宇宙、对人生的,种种难以用文字表现的感受。所以我的造型主要是往这方面发展。

这个趋向确是相当显著,虽然你称第二本画册为《怀硕造境》,其实,第一本画册也是以"造境"为主的。试图了解你"造境"的程序,让我来提出一些画家取境造境的方式,然后再请你反映你自己的做法。

我们知道,在选择一个对象后的处理,如果拿传统中西的绘画来比较,有一个很显著的不同。西洋画往往是定时定位的画;中国画,如郭熙所说:"山近看如此。远数里看又如此。每远每异。所谓山形步步移也。山正面如此。侧面又如此。背面又如此。每看每异。所谓山形面面看也。如此是一山兼数十百山之形状,可得不悉乎。山,春夏看如此,秋冬看又如此。所谓四时之景不同也。山朝看如此。暮看又如此。阴晴看又如此。所谓朝暮之变态不同。如此是一山而兼数十百山之意态。可得不究乎。"中国画家是要把山弄得熟络如挚友,游住两三个月以后,究悉它的气质与个性,才把它呈现出来,因而避免单线的透视,使观者不受特定的透视的阻碍而能遨游其间。

另外一种做法,是从山、水里抽出某些特性,某些能够代表画家感情的东西,然后把它们搬放在一个全新的环境里, 重新组合一个在实际生活里找不到的环境。这个做法,当然就是造境了。前面提到的"写山",虽然也需要画家重组呈现,但山水是真实的山水,山水之间的空间关系都是易于认识的。但被搬到一个新空间的景物,便有些"异质""异样"。这些由不同环境搬来的景物之间,如何可以配合妥当,便要看画家的功夫了。这里还分题材选择的应合和技巧(如利用气氛和色泽)的凝汇。

如果我没有听错的话, 我觉得我做的和你所描述的都不同。古人画黄山的很多,他们到黄山住上几个月、甚至几年,体验了黄山的烟云和松树的整个精神面貌,然后回来再将之重现,仿佛把自然消化了以后再吐出来,变成一个充满着个人主观意识的一种自然。他们所表现的,还是自然的美。我已说过,这不是我要做的。你讲的另外一种做法,好像是说,要打破实际环境中刻板的限制,把天下之美自由组合。

不一定是美的东西啊。

是说适合画家感情趣味的东西作自由组合得天衣无缝, 仿佛创造一个假山那样,搬些树和石头来拼凑……

不是假山。我说的造境的方式,约略近似西方人所说的 Symbolic Nature——象征的自然。

刚才听你说,仿佛把东西搬来搬去,然后又提到配合妥贴的问题:题材的选择和融合技巧的运用。我觉得这也不是我的做法。

其实,我用的题材很简单。譬如我历年来常常重复画的,有一个题目是《三棵树》,画面虽异,题目一直很接近,一棵树、两棵树、三棵树。树本身是个很单纯的题材。同样,我也画小路,小路也是个很单纯的题材。我画的东西,以观察自然而言,跟古代画家不大一样。他们要画某山的灵气,拼命去体验、去观察,体验黄山、庐山,观察黄山、庐山。我不同。我在日常生活中看到很多事物,有竹有树,日出日落。我用了自然事物,用了整个世界的事物做我的题材,要呈现的不是某一个名胜,某一个适合我的美的事物。那些储蓄在我心中的事物,愈广愈多愈好,使我对世界有深邃的观感,凝聚成一种相当细致的观察。到我画画的时候,我之所以找一个很简单的题材,主要是要表现我对人生、世界的一种感觉,并不蓄意要表现某山某水的灵气与精神、它的特质、它的美。我常常画一所房子,如果从建筑的立场来看,也许是完全不合理的。像我有一张题为《古月》的画,我拿一层楼来象征我对古老中国的感受,一种老而悠久的凄美起自濛濛的月光中。如果问那层楼在何处,这又是哪里的景色,这都是无关的。

你所说的,实际上仍是我刚刚说的第二种。我说"搬过来"并不是照原样搬过来的意思,是搬过来以后赋予象征的意义和个人的感受。至于多少的问题,是因人而异的。你刚刚讲的,我们从画里也可以看得出来的,是你对某些形象有特别的一种迷惑,用英文来讲,就是所谓 Obsessive images,经常在你的美感世界里出现。在写诗方面,亦有雷同的情况。譬如诗人奥登,有一个常用的形象:在春天,一只老虎突然出现。这个形象,一个和祥的感受和一个暴戾的感受的并联,对他来说是一种很突出的感受,所以具有一种独特的象征意义。我觉得,你的画中的形象有这样的东西。你把看到的东西浸染了你的感受而蜕变为某种象征意义。譬如你画中一只大鹰常出现在荒凉、孤清的背景上,如你的《荒江》,那大鹰也一连串出现在许多其他的画里,如《孤旅》,自然构成一种新的感受。但事实上,我认为第二张画中的大鹰的形象,并不是全然独立的,在你的心中,在我们看画的时候,并没有忘记它第一次出现和第三次出现、第四次出现时的意义与环境,它们之间是"互为指涉",互为回响。所以当我说"搬过来",实在不是从实搬过来的意思。你对形象的处理,我觉得像诗人。我们一生中会碰到许多形象,但偏偏"一个无名的小车站板凳上坐着的一个老太婆"却在众多纷乱的形象中突然强烈地显现出来,把你抓住,我觉得你的画中往往使我想到这类的关系与活动。

对!很好!你这样讲法最能点中我心里的感觉,我非常同意。不但同意,而且觉得这是我这次跟你谈话中最大的收获。你有诗人的敏感、文学的体认,从两种不同的艺术创作中点出相似的心理活动,非常佩服。我画的情形确是如此,我那些在不同环境和气氛里出现的共同的形象,确实好像常常纠缠在我心里,很持久而产生一种密切的情感。

一个形象的出现在一张画上,你如何使它成为一体?这是我必须跟着问的问题。一张画里可能有三四个形象,它们之间如何可以互摄统合呢?一个最简单的办法,是找出它们之间的某种逻辑关系。这可以是空间的,如镜头之取镜;这也可以是利用某种观念的情趣,如陈其宽先生的《老死不相往来》,画一缸缸的鱼各自逍遥在被划出来的世界里。(陈其宽先生的意趣是很多样的,这里举出的只是一例。)角度、方法、技巧都有相应变化的关系。我想知道你如何使一个形象融合在整体里。我试再举那《荒江》为例,大荒中出现一只老鹰,这个构图传统画中可能没有或者不多见。这没有关系,因为我们在荒野里事实上不时会见到这样的景象,这是经验给我们的一种逻辑,也可以作为我们组合时的一种依据。但有很多情形是和实际经验无法认同的,或者在过去构图上所不易发现的,那些情况怎样形成,怎样产生,你能不能讲一讲你构思的一些过程与痕迹?

绘画里面有一个特点,有些形而下的因素会影响到形而上的想象和架构。譬如那《荒江》中的大鹰。从形而下技术的层面来讲,绘画是要表现空间的,要使这空间真实,必须提高第三度空间,即是求取深远来避免平面化。从视觉上来讲,就等于你搭一个舞台,如果上面没有人,没有一个重心,没有一个视觉的中心点,这个舞台搭得再好也很不容易有一个中心意识。跟写诗不一样,诗人本身就是一个焦点。譬如你写荒野,你不必一定要在中间摆一个人、一件物体、一只猫……

我看画家也不一定要……

当然也可以这样。但对我来说,画面到后来变成一个客观的平面的存在,仿如一件客观的物体,所以里面常常是一个大舞台布置的一个环境,包括气氛,里面必须有一个视觉的焦点。因而你看我的画常常有这样一个视觉的焦点,一间房子、一只鹰、一个人……

何怀硕
寒林
1979

不过你容我坦白地讲，这可能是你画中最大的弱点。

我承认有时或许变成缺点。我有一段时间，甚至现在偶尔仍是如此。但是，当你画很广漠的一个空间如沙漠、荒野，在技术上有时候就会受到形而下物质形式、视觉形式的限制，没有一个主体的焦点，很难成画。不过，在处理适当的时候，也可能不需要这个视觉焦点。像我画的那张《长河》：一条白色的河下面一片赭红，上方河边两岸很黑。这张画我一直很重视；因为在这张画里，便是想把舞台上的道具减到最少，用最朴素、最原始、最简单的材料来构成一种很能震撼人的境界。这与很多的传统画的做法不一样，不少传统画是用很多不同的树木、小桥、房屋、流水、山石、云烟等堆积而成繁复和丰富，我一直就想打破这个传统，用最少的素材求最大的效果。当我能不用一个人或一只鸟达到这效果时，我最得意。但有些画我没有办法。你讲得对，它们有时会变成我的弱点，一种公式，一种不易逃避的格局。你这看法可以说是相当的敏锐。

我来打个比喻。我们看电影，有时觉得每个镜头都很美，但看了半天觉得那导演没有搅出什么名堂来，原因很简单，他由一个镜头转到下一个镜头，如这边出门去就转到那边的门口，一切都在观众的预料之中，无甚独特与出奇，那镜头最美也失败了。

如果我来处理，"出门"及"门口"之间，还可以用高镜头照空荡荡的门。但电影和绘画到底不同，电影可以用一连串的镜头构成某种感觉和气氛，绘画只能呈现一刹那一个镜头。

我刚刚提到的问题就是指向这一个事实。你这一刹那的镜头要怎样处理，才可

打破常人的意料之外而取得独特的看法和感受呢？我觉得传统中国画给西方
最大的启示是：虽然是一个画面（对传统西方来说通常只能容纳一个镜头的画
面），里面呈现的却是连绵不绝转变的透视。我以为这条路仍可以走，但怎样推
陈出新，是要我们细思的。

在西方文艺复兴时代，由于注重单线透视，产生了许多表达上的问题。于是有
不少画家要设法利用"幻觉"来解决空间的层次。同样地，你一旦在焦点这条路
走久了，必然就是一个弱点，"意外性"没有了。所以你必须推前一步。我觉得你
有些画已经做了，如《隐庐》、《翁翳的两棵树》里的留白与透明，把深度平面化
而产生另一种视觉的玩味，用两重空间的交叉构成另一种空间的层次。这类的
做法，我认为可以穿插在一些画里面。譬如你的画中常有一个孤独的人走入树
丛中，这个"母题"你重复太多了。

这个我完全知道，慢慢会摆脱的。

假如用我上述的方法去处理，也许可以解决一些问题。它不只可以造成一种梦
幻的感觉，而且空间的交叉，好像可以呈现更多一种比较接近你所要的造境的
意义：你刚刚提到形而下如何影响形而上，牵涉到技巧的问题。你能不能讲一
些困难和解决的方法。

一个画家几乎每一天每一张画都面临一些自己到目前为止都无法克服的问
题。水墨画有它的特点，但如果完全按照以前传统的那种技巧——笔法、笔趣、
着墨、用水，外国人很喜欢的效果，甚至令他们叹为观止的效果，我个人很不甘
愿这样做。

何怀硕
暮韵
1968

这里有好处有坏处。用水墨,好处是一下子会令人很喜欢这个东西;但坏处是,一旦你把重点放在水墨的趣味上,本来是好的东西,忽然失去了表现力。

没有了新鲜感。同时也很不容易表达出你个人造型的意志。譬如水墨趣味这东西,控制得非常好的人,如八大、扬州八怪、徐渭等,在传统中都已被肯定,可以说在这方面已达到顶点了。但现在的画家如果还在走同一条路,便很难逃脱那魔掌;弄了半天,恐怕还只好自叹弗如。所以不同的时代必须另寻新路,来发展一些新的东西。不是古代不好,但要超过它不容易。也许是因为我曾受西洋画的训练, 我觉得水墨的优点以外, 我们必须同时拿西方强烈的个人造型的意志,透过比较复杂的手法,把它表达出来。水墨变化微妙,无法预先测出,就经验老到的画家,能控制百分之五十已经不简单了。像石涛、八大的大写意画,你一看便知道无法画第二次。这一点办法也没有,那笔法太神妙了。笔沾水沾墨然后快笔画下运用了水墨自然的参化效果,其玄妙与空灵,是无法复制的。但水墨的缺点是材料本身的个性过于强烈,不适合于别的纸或画板上。我觉得西洋画可以让我们借镜的地方,是它非常重视结构、造型。我觉得把其中的某些技巧和中国传统的合在一起可以创造出一条路来。

我面临的问题当然非常多。一方面是我自己还不够成熟,画是一生去追求都无法完美的东西;另一方面是中国画本身有它的局限性。传统画无疑曾经走出很高的境界,但如我先前所说的,是发挥笔情墨趣的特性。这种特性虽然不敢说一定会走到穷途末路,但如果一直按着过去那条路走下去, 也必然会走下坡的。我是希望让水墨画能开拓出一些别的路来走。我们并不敢保证这些新的路能超越传统,但起码可以不同。开拓跟传统不同的新的价值,经过长期的努力开拓,一定可以有另一种新的艺术价值出现。我就是想在这条路上下功夫。

谈水墨工具性的限制,其中之一是色彩的问题。中国水墨画到了文人画阶段已变成完全单色,以黑白为主。但西洋画在色彩上是丰富的。我们可以引进一些观念和技巧来补助、来刺激、来融进,希望可以创造出一种新的中国艺术风格。但色彩是很大的问题。有些人只想到打破传统而大量用西方的颜料,包括广告颜料,我就不大赞成这样的做法,这样无条件地放弃水墨原有的个性,大量用很多色彩,如西画那样,我觉得并不协调;但一味走枯淡、萧条,也还是落入"水墨为上"的老调。传统画以空白、以线条为主,再加上淡淡的渲染,层次分明。我喜欢画成一片迷濛或是满纸沉重。如果没有颜色的话,整个气氛、变化就很难衬托出来。但颜色用到今天我还是有很多失败的地方……

你的《春雨江南》用的是国画颜色?

是,是石绿。画册上印刷得不理想,颜色也不对。

你还喜欢用黄跟红。

可惜色彩的笔触没有印出来。

你说的笔触恐怕跟西洋画有关系。

中国也讲究笔法。

笔法是指毛笔与墨的应和,你提到颜色中的笔触似与毛笔的笔法有异。

何怀硕
荒寒
1983

颜色也是用毛笔画出来的,齐白石的花,与西洋画不同;同样用颜色,但中国画讲笔法。

我的问题是水墨和油的性质所引起的分别。中国画不是像油画那样用涂、用堆叠,油画还可以不用笔,所以在颜色的肌理上自然有很大的分别。

这也是水墨画家时常面临的一个考验。传统画不大能够表现非常多的层次,它的层次一向是简单的。传统画常常出现这样一种情况:譬如画完了一个很重的山,你在后面还要画一个山头,在两个山头相接的地方,你可以让上面的山下端虚下来。

运用虚虚实实表现空间层次。其中一个好处便是虚实可以随画家的主观而变,不必像西洋画要根据现实的视觉来作逻辑式的组合。

它的好处是给观众增加了许多自由活动的空间,中国旧诗中亦有同样的情况。

所以,我走向中国画的理由之一,便是它给了我们相当多的主观活动的自由。但这种虚实自由的结构,虽然很高明,好像许多结构上的问题可以迎刃而解。结果你用我用用滥了,就成为僵化的格局。所以我现在就不尽用这个方法去处理。

你提出到涂与堆叠,油画另有它方便的地方。你可以涂改堆叠。但你想画白色,在水墨画中你必须留空来。留空,对要画多层次的画家,在技术上便很难控制得周全。每个画中国画的人都知道,中国画只能由浅到深,无法像西洋画那样,也可以由最深到最浅。中国水墨要克服这个很困难。所以中国画家讲究磨练，要相当高度的本领在事先便能让你胸有成竹地安排、解决空间层次的问题。虚虚实实，是一种可用的技术，但不能完全解决布局的困难。像这些讨论，对于一个不是专门画画的人来讲，很不容易体会其中的艰苦。

这我完全了解。我提出的问题原来就是要指涉这方面的事实。我觉得你的画，常常是画得满满的。你对虚实的剖析，等于解答了我的疑问。但除了"满"，你的画也"重"，沉重下压的感觉。这是你因为外在的感受而要如此表达呢，还是结构上的关系？

关于这一点就完全不是技术上的问题了。这完全和我个人精神的特质有关。

换言之，这完全是主观感受的投射，借助外在气象、气氛来反映精神之受压。这类画能不能换个方式来看。传统中所鼓吹的"气韵生动"常常是指山水自然本身的一种活生生的情感，不渗有画家强烈的主观情绪……

这无疑是很重要的一种表现，但另外有一种"气韵生动"，是在画中呈现了人的精神，某种人格的显露。假如画家能够表达他灵魂深处或人格内在的某种感受、某种情绪与特质，我认为更是做到"气韵生动"。

你这个说法不怎样传统，你的说法反而接近西方的浪漫主义的特质，是一种"感情移入"。

我知道"气韵生动"在六法里居首，追求捕捉自然的精神是很高的要求，但这并

何怀硕
雨巷
1981　66×66 公分

何怀硕
独行
1985 66×66 公分

不是我要走的路。

我了解。但这个分辨与说法是需要的。我提出那些"沉重感"的画还渗着一些别的想法在里面。柯勒律治（Coleridge）论诗时有一句名言：诗是把"熟识的"变成"奇异"，把"奇异的"变成"熟识"。我觉得你的画也有这个情况。你呈现的物象我们都见过，但出现在你的画里却使人觉得灵异、怪异、神秘，引人入一种不能说是玄而是属于未知的境界里，我想这当然是你"造境"的一部分企图吧。你对我这个说法有什么意见。

我很难清楚地答复你。我觉得你常常点到我深心里的问题。我很少讲我自己的画，画应该让有心人去发现的……

我没有要你完全剖白心迹，我只想借着我的观察和你的反应勾出一些艺术成形的历程而已。

你的话倒是让我想起二十年前梁实秋先生第一次看了我的画的反应。他说他很了解我的画、我的人，因为画里有一种鬼气。当时我很不明白。那时我很穷、很孤独，我从小离家后受到种种折磨。他这话使我想哭，觉得自己是这样的可怜，连画里都流露着鬼气。梁先生这句话当时我不知是褒还是贬，我反正都很悲哀。后来一位英文老师对我说，梁先生这句话是对我的画作了很高的评价，是比作济慈那种鬼才。但不管怎样，我知道他的话事实上已点出了我人格精神的某种特点。我想这个故事，和你所讲的一定有些关系。

如果你熟识柯勒律治的诗，如《古舟子咏》（Rime of Ancient Mariner），你便了解其间的意义。这首诗一开始就怪异不凡，一个目光异样的海员在人家一个婚宴的门口把人拦住要人听他讲他海上一段神异的经历。这个气氛已够抓住人的注意了。故事是叙述他射下了他不该杀的海鸥的一段经过。他因为触犯了神威而瘫痪在船上，在一片黑沉沉的海空之间，月光出现，鬼影幢幢的，月光照在水波上如金蛇委行。这样的景象，一面反映了精神救赎的挣扎过程，一面形成一种浓密凝聚的气氛，统摄一切。我觉得你那些画中，有类似这样的表现，很接近那类的想象活动。

你自己也提到"气氛"二字，我刚刚也提到，你觉得"气氛"是不是协助统一一张画很重要的东西？

我不大清楚你这个问题。

我是说在"透视""对比"这些技巧之外。例如你那张船画，有一种很浓很重的黑压压的感觉，好像这个重量已把整个环境掌握着，假如里头发生一些什么技巧上的小问题，也不会影响全画。这个感觉好像可以把它们镇住。

你是说沉重的气氛淹盖过一些……

倒不一定"淹盖"。我并不是说你的画一定有什么问题，而是说，在你很多创作的决定里，气氛是不是很重要的东西。

我们讲"意境"，"意境"，从某一个角度来说，就是气氛的意思。一个诗人用文字营造一个气氛来诱导读者进入一个有特殊气氛的世界里，暂时把别的抛开。你表现得越有力量,能够把整个人的精神吸引进去,那就最成功。画家也是一样。所以我极力想表现的正是一种很浓厚可以震撼人的、吸引人的气氛。这是我一切手段的依归,要达到很高的密度。

英文中有一个用语 Suspension of Disbelief(怀疑的中止),就是说,一旦被气氛抓住,别的都不被怀疑;如看一很强烈的戏,如果你在某些地方停下来细思,其中细节可能会有些问题;但因为戏剧很浓烈,观众完全被摄住,来不及思考其他。我觉得你的画所营造的气氛、境界有这股力量,统摄其他。关于气氛的问题,如《月光》中树影构成的鬼气,如《寒夜》中的月影,《山野之晨》的神秘感觉,你可以说一说来源吗?

《月夜》是我大学毕业后一、二年画的,当时借了个破照相机拍下来,照片拍得不好,并不能托出原画的好处,层次不能显著。这张画其实比照片印出来好得多,确是所谓"鬼气"时期的画。我用的题材很简单,几棵树也未修饰过。我相当的喜欢。来源吗? 都是幻想的产物。

这张画的影子表示光源很远。这些影子方向都不一样。有两种情况。其一,你站得很近。这是引起神秘的原因之一。其二,是和现实时空割离后的绝对空间(如梦)。

光源是不可捉摸的。在这点上我认为西洋画比不上中国画。我在处理这个光的气氛是很主观的。如果用客观的眼光来看,好像完全不可能。这里好像后面摆了一盏很大的灯照过来它才会如此,说起来很不合现实的规律。我觉得这样的气氛很有它独到的地方。我有时也不画影子。当我要表现一种很凄冷、很荒凉、很孤独的境况的时候，我就会加个影子。有了影子不是一而二热闹些吗?其实并不。

就是像李白邀月和影子共饮一样。

对。你这样说便很透彻。

我和慈美(维廉夫人)都觉得，你这些画类似超现实主义者基里柯和达利处理影子的方式。在我第一次接触你的画的时候，我脑袋里有两个答案。其一，你的画是一种文人画。其二，你的画有超现实的表现。我说的"文人画"，不是指董其昌后期的文人画，我指的是一般以写意为主的画家;他们利用一些形象来暗示一种诗的境界。我觉得你的画，常常要引导人去冥思画外的诗的意境、诗的内容。

我是很反对"新文人画"这个名字的，我觉得很多人没有觉悟到只讲技巧的文人画是很狭窄的路。照你广义的说法，是牵涉到主观创造活动的文学意念。我坦白说，我很喜欢。我认为中国画最好的地方，在于它能表现文学精神。我认为，艺术怎样改都可以，但有一点最宝贵的，就是文学的内容，我希望一直可以保持它的发展。

所以我刚才讲，对你的画，第一个反应是，你的画是一种文人画。第二个反应是，你的画也是超现实主义的画。不管你有没有接触过超现实主义，你有些画呈现了超现实的痕迹。

这不是承认不承认的问题。我不妨在这里表白我与超现实的来龙去脉。最早的时候，我并不了解超现实。在大学一年级的时候，我自己的画中却已呈露这种趋向。我画中许多的题材常是现实所看不见的。像《月夜》，就是表现小时候在乡下很荒凉的地方看到一间房子和一棵树在风里摇动。我小时候最喜欢一个人在荒野里看风景，又凄凉、又恐惧，但又令人沉醉得不得了，就像一个有被虐待狂的人，被人打得一身流血，觉得痛，又觉得一身刺激。我就喜欢看这种风景。我姐姐就曾写信给父亲，说我很古怪，一个人如此常常独坐在荒地很久，不知心里有什么秘密，应该多注意。我从小就比较离群。这种倾向，现在想起来，大概是那时比较早熟，一般同年有兴趣的东西，并不能满足我，乃去幻想、沉思……这是造成这种画境的主因。后来看到了超现实主义和表现主义，我简直一震，如触电那样，因为他们有很多这种表现令人灵魂发抖，令人沉醉。

我在最前面提到的北欧表现主义，原来也是要问你与他们在这个表现层次上的关系。

北欧的表现主义，我曾有文谈及。认为二十世纪下半成就最高的就是他们，而非美国。

从震撼力来说，这话大概是对的。

我喜欢的就是震撼力。所以当我看到超现实的画，确深印我心。当然他们所表现的精神震撼、内心深处的梦幻、神秘感，比中国画家，比我个人强烈得多了。因为他们比较露骨，西方的意念比较明显。我有一段时间受了超现实的启发去画，如《寒夜》。

何怀硕
空茫
1983　66×66 公分

也就是我要问你的一张。慈美说有点像《咆哮山庄》，超现实的痕迹很显著。我现在来问你一个文学的问题。中国唐诗人里，给你震撼力的，你能谈谈吗？

如果从文学家的胸怀和技巧来说，我最崇拜杜甫。

这是必然的。但从气质、个性呢？

那要说李贺。我很喜欢他某些单句，不一定全诗。如月光下的鬼火似的意象。

我提出问题时，心中也是想着李贺的。其实前面提到"鬼气"时，我便想提出李贺来。他有许多的诗句可以作为你那几张画的注脚。

但我必须声明，我真正看李贺是很晚的事。

我也只说"平行的情况"而已，并不是说什么直接的影响。我们回到《寒夜》这张画来，从镜头的处理来讲，很像 lngmar Bergman 的恐怖舞台设计。

他的电影我最喜欢。在美国时常看。

关于你画戴望舒的诗《雨巷》，在空间的处理上……

请你批评一下。

优点缺点一时不知从何说起。缺点，如前面所说的，用一个人引导观者走向一个方向,是一个老套,你用得太多了。

我最近也在设法将之抛弃。

气氛上我是很喜欢的。但这个人……

常常就是我自己,但这样解释是不是可以避开批评,我不敢坚持。"老套"无论如何是不好的。

你一看,全部重点都落在这个人身上。慈美说,有点像他在替你说话似的。另外你画的人几乎全部是背面的。

是比较多,甚至正面……

也是眉目不明或不见的。

有点含糊。让它含糊,是要将之提升为典型的意思。

这个做法,文学上有一个先例,可以提供很好的解释。戏剧中的面具,面具上呈现的个性和演出的个性可以不同,而形成 Double(双重个性)的互玩。但最好的面具是一个中性的、没有个性的白面具。没有划定个性的面具,观众可以自由投入许多想象。你这个画法有点像白色的面具。观者投入什么忧郁的情感,可以因人而异,这个做法基本上是成功的。但看一张很好,多了便有问题。

何怀硕
不尽长河
1984   136×406 公分

对。这次谈话我收获不少。我在创作时是依着感情的认识去做。你这样从文学的认识为我解释,深合我心。因为你在文学上的认识,能给我指出二者共同的理路。我自己当时要画一个普通的人,不是特殊的人;一个含糊的人,不是一个清楚的人;一个概念化的人,不是一个具体的人。在我画他的动作时,绝不夸张,绝不寻求生动走路的姿态。他是一个表情最少、动作最少的人。他的衣服也表现不出来是古人、时代与行业。你说的空白的面具那些含义,正可以解释我欲求超脱时空特色、地域特色的想法。这张画(《雨巷》)本来要画台湾二十年前的一条巷子的一部分感觉,画古老的房子的味道。

但你的巷子是不一样的,因为戴望舒的诗里有一支雨伞的形象,这伞是戴诗所引发的。

对。本来只想画台湾老屋下的巷子,后来因为雨而想到戴的《雨巷》,和《雨巷》中的那把油纸伞来。诗句是最后才加上去的。

文学有一个好处,你那个人要放在哪里,不必交待清楚。画家就不可以这样做,视觉的限制,人放在哪里便在哪里。在一首诗里,一个人出现的空间关系是可以含糊的,画的空间一开始便固定了。

所以说一个画家,有时很难满足。有时很想寻求另一种媒介的表达。

写诗?

不。写小说。要表达人生世界的观感,讲复杂与深刻,小说比绘画能做得更多更

何怀硕
蓊翳的两棵树
1972

好。我觉得观念的东西,小说最能充分表现。

我在一篇《出位之思》的文章里特别讨论到莱辛诗画之分的说法。诗、文字,是时间的艺术,易于描写动作,有持续串连的可能。画,空间的艺术,通常只表现一刻、一瞬的行动。当然我们也可把时间放进去,但不易容纳太多的串连性。像毕加索,弄了个半天,也不过多几层透视,人事人性都无法周全地加入去。

对,很对。但绘画也有文字不能表达的地方。我自己因为对人类在世的处境,有很多的感受,但在画里都无从表达。

可以双栖。

我大概不会写小说。写小说需要很长的磨练。不过我仍是以为写小说最好,像哈代的小说里,有人生最深刻的体验,我非常崇拜。

哈代小说有些开头的景,倒蛮像你的画的。现在再换一个问题。你对日本的书或电影有什么喜欢的……

我对日本古代的短篇小说会很醉心,通过周作人的介绍,我吸取了不少东西。我对日本那个民族的某些气质和情感,有许多共鸣的地方。像日本的电影,平凡的故事包含了很深的人生感受和体验,不一定需要夸张的、轰轰烈烈的、很戏剧化的(如美国的电影),许多日本电影写的都是琐碎生活中小人物深刻的感受。

何怀硕
树林
1985

何怀硕
孤旅
1971

我问的原因是：日本电影如黑泽明的某些镜头的气氛、角度的营造，和你的画有些接近。

也许是本质上的应和。我还可以告诉你一点，我从小到现在，对日本的儿歌最入迷。日本的儿歌有点凄凉的味道，令人流泪。

慈美说，一看你的画便知道你一定喜欢日本的东西，说你画中的某些气氛使她觉得你可能受些影响。

我确实喜欢日本民歌中的凄美的感觉。但我也喜欢印度的吟唱。

是人声仿似乐器那种？

印度的音乐最擅于模仿人的声音。它的整个调子，不像西方那样多起伏变化，而是比较平板的，像流水账一样，里头的变化很细微，很委婉。有一个主调常在重复。很多朋友都觉得难听，像念经那样。我觉得很好。

容我在这里提出一个比较棘手的问题。这问题已经有人提出了，你或者可以借此作一些说明。我个人不尽同意他们的看法。就是有人说你受了许多李可染的影响。

我受他的影响太大了。事实上影响我的不只一个人。

可以谈谈吗？

我的文章里常常提到一些人。有些人模仿了别人,好像被提出来便把底牌露出来似的。在我看来,没有什么不对。我个人曾受过傅抱石、黄宾虹、林风眠、李可染的影响。早期我模仿了不少。事实上,我已拥有了鉴定他们的画的能力,便可见我受他们的影响之深。

我以为模仿一说,艾略特说得最得体。每一个伟大的艺术家都有很多的师承。模仿没有错。模仿是训练里最重要的考验。只要能脱颖而出,便是大家。

像毕加索,不是模仿很多吗? 我个人不但认为无甚可耻,而且应该宣扬他们的功劳。是通过他们我们才做到求新的发展。我的师承与别人不同的地方是,我很少拘于一家的风格。我自己用自己的眼睛去找去挑合于我运用的风格与技法。我自己是广东人,但我最不喜欢的是广东的岭南派。我有我自己的选择。

由于我崇拜"几"个人,所以也较容易摆脱他们的影响来发挥自己的境界。

我们的文学创作中曾经提出下面的一个问题:电灯柱、汽车能不能入诗? 事实上,入了,甚至有些成功的作品。画呢? 油画好像做了。但国画好像很难。你对这个有什么想法? 在你的画里,除了《巴黎之忆》之外,根本没有任何城市的形象。

我以前也画过圣母院、西洋建筑,翡冷翠我也画过一张。很多人认为艺术是反映现实的。我不以为然。最高的艺术往往不是反映现实,而是非常曲折地去呈现现实与人生深刻的本质。所以,我曾经有一个理论:就是一个人的痛苦,必须找出一个形象,透过意象的造型工作,令人体会到你要表达的感情是什么。我们为什么不能把坦克车、汽车、收音机看作树那样对待呢,为什么不能像鸟、月

何怀硕
孤帆
1966

何怀硕
飞渡群山
1979

亮那样赋卜我们的情感呢？我觉得,要透过一个形象去表达一个情感,恐怕永远无法摆脱透过自然事物这一个途径。自然的题材才能充分地把握欲表达的情感。机械是没有生命的东西,感情不易移入。

这个问题,一者跟传统美感风范的主宰性有关;另一则跟历史有关。前者因主张人和自然的和谐而不容纳非自然的素材;后者是指工业革命以后,人的异化与物化。人本身已经无法视为完整的自然产物,所以在物象与人之间的隔离与破碎里选择可以一统的物象是很困难的。所以工业诗写得好的也不多。传统国画的品味,主宰了我们美感的认定,所以更形困难。

你这话自有一番道理在,但我认为西方的画中,表达成功的还是人、生物、植物为主体的画,这里头一定有原因。

在工业诗里,一般的表达,不外是(一)有生命无生命的对比和冲突。(二)用反讽来呈现人所面临的"张力"。我的问题是:用国画的笔法与题材,能不能够表达我们所面临的冲突与张力?

这倒是受到传统历史的影响。不只是绘画,而是整个文化的影响。中国诗和绘画对自然的肯定,像你所说,主宰着我们的美感感受。中国画中虽然有几何线条(如亭台楼阁)的入画,但在画中不占重要的位置,因为中国传统长期以来没有去表现方形、正方、正圆,而要表现不规则的自然形状。西洋的情况不一样。历史变化多。中国汉以来一般方式没有多大的变动,有两千年的生活风格变化不大,直到清末五四,才有转变。古代魏晋老庄延续了两千年,我们几乎是停留在中古的艺术意识里。

这个解释没有问题。但你将来有没有考虑到接受这个挑战呢?

我尝试过多次,如建筑物的加入,但难度高。也可能因为我比较喜欢永远不变的题材,比较能发挥得淋漓尽致。有一些对社会现实使命感强烈的画家,也许会多画一些这方面的题材。我曾在这方面取得初步的成绩,如画巴黎那张画。我并没有把它视作油画来画,像有些人把大量广告颜料画上去那样,把宣纸当水彩纸用;如此西洋味太重了,中国水墨味便完全失掉。但这类题材到底与我性格不合。我画了不少月亮。月亮是一个古老的东西,难的地方是如何把这个平凡的东西注入新的感觉。不是看今年新出的机器人便画机器人,明年新出的呢?那不是疲于奔命吗?对月亮、一草一木的经验,积了很多,很容易体察物情。一个机器,我们来用都手忙脚乱;现在要透过它来表达思想与感情,便更难了,何况机器一直在变。到后来艺术一直要跟随在科学的后面,如此便丧失了艺术的独立性、自主性。总之,我觉得艺术表现所用的“题材”并不重要,重要的是要有独特的观念和情思。

投入日常事物庄严的存在里

——与陈建中谈物象的显现

资料篇

生 平 纪 要

1939　生于广东龙川,村里的纯厚乡情及朴实幽美景物,一直影响着他后来的创作生命。

1946　举家迁往香港,后因家境拮据,翌年又迁回广州。

1951　就学广州文化馆美术组,首次接触到"美术界"。

1952　认识华南文艺学院绘画系学生梁宝,获益颇多,并开始作长期的素描练习。

1955—7　考进武汉的中南美专附中,埋头画画,尤其钟情素描。也研究雕塑,感觉到艺术的力量往往来自造型本身。

1959　就学美术学院油画系,仍坚信扎实的素描根基是必要的,并发现自己适宜成为风景或肖像画家,决定朝此方向努力。

1961　辍学,但仍执著于画画。

1962—9　处于沉滞时期,在现实与理想中摸索追求,面临创新或沿续创作老路的抉择。

1969　动身巴黎,开始长时期的苦闷、彷徨、挣扎和摸索的历程。

1970　秋天进入巴黎美术学院。

1971　半工半读,把注意力移转到具象画上,寻找着自己的绘画语言。

1972　创作愈见纯熟,复得大师赵无极赞赏,更坚定其选定的创作方式。

1974　首次个展即获法国文化部支持,为亚洲画家得此殊荣第一人。

1975　首次个展在巴黎达里亚尔画廊展出,法国艺评家纷纷赞扬备至。遂开始参加各项展出,于是辞去工作,专心于绘画。

1976　作品在"今日的大师与新秀"沙龙中展出。又,达里亚尔画廊为他举办第二次个展。应邀参加日本所举办的"国际当代绘画"展。

1977　绘画题材愈丰，能在平凡事体中见其精神本质。

　　　　接受巴黎电视第三台访问，读卖画廊并为其举行个展。

1978　参加日本的"现代艺术展"及巴黎的"今日版画"、"巴黎国际当代艺术博览会"。

1979　参展巴黎"当代艺术沙龙"、"写实绘画面面观"及"巴黎鲜活艺术展"，同年再次代表读卖

　　　　画廊在巴黎大皇宫的"国际当代艺术博览会"中举行个展。

1980　参展"粉彩、素描展"。代表读卖画廊参加在瑞士举办的"国际艺术博览会"个展。画风愈

　　　　趋古典精神，更见其深意。

1981　参展"绘画与风景"、"荒芜"，及在读卖画廊举行个展。八月首度访问台北，并在艺术营中

　　　　讲授现代绘画。

1982　参展香港举办的"海外华裔名家绘画"及在巴黎的"艺术与模特"、"巴黎活力艺术"展览

　　　　中展出。

　　　　接受巴黎电视一台节目访问。日本电视 NHK 并为其摄制绘画纪录片。

1983　梅斯城文化馆为其举办回顾展，作品在东京名古屋演出。

个 展

1975　巴黎达里亚尔画廊

1976　巴黎达里亚尔画廊

1977　巴黎读卖画廊

1978　巴黎国际当代艺术博览会、巴黎读卖画廊

1979　巴黎国际当代艺术博览会、巴黎读卖画廊

1980　瑞士巴塞尔国际艺术博览会、巴黎读卖画廊

1981　巴黎读卖画廊

1983　梅斯文化馆、巴黎读卖画廊

1984　哥伦比亚根德罗画廊

1985　塔布市文化中心

1986　广东美术学院艺术馆、广东画院画廊、北京中央美术学院画廊

1987　哥伦比亚根德罗画廊、美国科罗拉多州亚美市根德罗画廊

参 展

1975　蓬托瓦塞艺术馆"三个写实画家"、巴黎"新现实沙龙"

1976　巴黎"比较沙龙""新现实沙龙"、日本电视放送局"国际当代绘画"（日本十二城市巡回展）

1977　巴黎"今日的大师与新秀"、巴黎读卖画廊"静的呼声"、法国国立当代艺术基金会（历年获法国文化部支持首次个展的画家的联展）、巴黎"今日的大师与新秀""新现实沙龙"

1978　日本东京、京都"现代艺术展"、巴黎国立图书馆"今日版画"、巴黎"五月沙龙"

1979　蒙浩殊城"当代艺术沙龙"、圣德尼城"写实绘画面面观"、巴黎市政府与巴黎十八区政府的"巴黎鲜活艺术展"

1980　麦格特基金会艺术馆"麦格特基金会艺术馆收藏素描展"、蒙浩殊城"当代艺术沙龙"、巴黎妮娜·杜茜画廊"粉彩、素描展"

1981　哥别那·艾松尼城"绘画与风景"、亚维农城"荒芜"、蒙浩殊城"当代艺术沙龙"、比利时"麦格特基金会艺术馆收藏素描展"

1982　蒙浩殊城"当代艺术沙龙"、巴黎"巴黎活力艺术"、香港艺术馆"海外华裔名家绘画"

1983　巴黎皮尔·格旦"艺术与模特"，日本东京、名古屋、福冈、广岛"日本巡回展"，台北市立美术馆"中华海外艺术家联展"

1984　法国"第一届国际素描双年展"

1985　南斯拉夫贝尔格莱德市高勒铁夫画廊"素描展"

1986　法国"国际艺术双年展"

1987　斯数古堡艺术馆"门与柱廊"

先来一个不按理出牌的问题。你在学画之前，有没有写过诗或者想写诗？或者你读过什么你特别喜欢的诗？

我没有写过诗，因为我觉得自己没有文字表达方面的才能，但是很喜欢诗，学生时代读的是五四以后的新诗和翻译过来的外国诗，那时期最喜欢的诗人是普希金和泰戈尔，后来就爱读中国传统的山水田园诗，尤其是陶渊明和王维的，他们诗中的自然和韵味，总使我回忆起童年时代的农村生活的景象，对我的绘画很有潜移默化的影响。

我看你的画，整个来说，往往是把握一件事物一瞬间的显现，这一点跟诗人写诗的活动有些近似。我觉得你把握物象的方法，甚至可以用论诗的方式来讨论。

现在我想先就我第一次接触到你的画时（在一九八二年香港大会堂举行的海外中国现代画家联展），我有一些初步的感觉和意见。我说是初步，即表示我以后有不同的看法。虽然是初步的印象，但仍然值得提出来，听取你的反应。我当时的第一个感觉是，你的手法是属于"照相写实"，虽然你画的对象和一般"照

陈建中
构图一号——八二
1982　油画　162×114 公分

相写实"画家所喜爱的城市意象不同。但细看下，又觉得你与他们不一样。坦白地对你说，我当时对中国人亦步亦趋地画"照相写实"是有意见的。觉得中国人跟着这种所谓完全科学、完全客观、消除个性的细工所得的城市形象，不知和中国的民族气质有什么关系。我这样说，也没有说"照相写实"本身有什么不妥，作为一种表达的手法，作为一种现代主义后起的运动，自有其出现的理由。但一个带着中国艺术意识的画家，在运用这个手法时是否要另有取向这似乎应该要考虑的。你不画城市形象（当时的两张都有强烈的自然景物作为画的一部分），是不是设法不落入"面貌大同"的照相写实的陷阱呢？如果是，其间美学的协商便相当复杂。但另一方面，光是以画所选的"对象"作为界分，也是不公平的。正如我们不能说写山水的诗一定比写城市的诗好一样。事实上，有时写山水易于落入固定反应，反而更坏。因此，其中要考虑的是艺术处理的问题。我觉得你的画与照相写实画家很不同，当时很笼统地讲，便是你的画有一种特殊的意境，一种可以让人投入的引力，亦即是在准确以外，有一种物我之间的活动。

另外我当时想到的是：现代诗中有所谓"即物即真"、不用托寓的想法，如威廉·卡洛斯·威廉斯的诗，写一部红色的手推车，尽量把它光影中的实际存在呈现出来，不带任何象征的寄托，肯定该事物的存在本身即自身是足、即是真的。你对我当时初步的印象与意见（相信有不少人初看也有的印象与意见），有什么反应？也许可以这样问你：你对"照相写实"有什么看法？

我不是照相写实派的画家，划分画派是从美学观念和绘画的内涵、技法来分的，照相写实又叫超写实，它是从波普艺术发展出来的一种美国式的绘画，它的画旨是面向生活，但却是通过照相机的镜头来冷然地客观地摄取生活的场景，只是现实生活的旁观者，这种"旁观"也就是它的"观念"。而传统写实画着重人文精神的表现,是现实的裁判者。从这方面看,相对于传统绘画而言,照相写实在美学观念上是有所革新的, 但也正因为如此, 它的照片性就多于绘画性。我们只要看看此一画派的代表画家如恰克·克罗斯、理查·埃斯特斯和马尔高·毛莱等人的作品就会很清楚。引用赫伯特·里德的话来说:"主要目的不外是提供一张好看的彩色照片。因为超写实完全依赖摄影。"照相写实只要掌握好描绘的技巧, 机械地通过照片来把现代都市生活的表面现象再现在画布上就达到目的,他们并不需要传统绘画所必须注重的东西,譬如提炼、含蓄、深刻等等,而这些东西却正是我所竭力追求的。虽然在画面处理上我小心避免落入前人的形式而另寻新的表现方法,但在艺术的实质内涵上,我从没有忘记向传统的艺术杰作吸取养料,这和照相写实主义的美学观念是背道而驰的。正如你所说,我的画给你第一个感觉是似照相写实,但细看之下又觉得不一样。我想这是因为画里的内涵不一样,我处理画面时主观性较多,力求构图的简洁,集中主体的塑造, 尽可能地把我初见物象时的感觉——这感觉含有一种神秘性——画出来,画出一种形而上的精神来。

城市形象我也画的,只不过我选择的是那些不为人注意的建筑物的细部,譬如门、窗、墙壁、叶子等,我从这些物象中看到一个孤独而庄严的境界,画的时候就着力表现这种境界。我的目的不在于描绘物象的表面形体,而是要透过形体去寻索其背后的东西。所以,我的画看似很真实,但又不完全是生活里的真实。在观念上和绘画技法处理上都和照相写实走的路迥然不同, 有的人把画得形似和有真实感的画就当为照相写实派,那是非常肤浅的看法。照相写实画是七十年代绘画的主流之一,但也只流行于美国,不流行于欧洲。作为一个美术运动的革命性很彻底,整个画派的面貌强而且鲜明,但若以一张画来看,照相写实主义就缺少耐人寻味的东西。欧洲的写实绘画因有其传统渊源,仍注重人

陈建中
构图二号——八三
1983 油画 146×114 公分

文精神的表现,而且从二十世纪开始已向多元发展,画家各有自己的探求,因此不能形成一个面貌一致的强大画派。他们的风格是多样的,细分起来名称很多,但一般也只是笼统地称为写实画或具象画——相对于抽象而言的广义的写实手法,撇开观念不谈,如果就单独一幅画来欣赏,我认为欧洲的写实画会比较有内涵,也比较耐看。

"耐看"的确是一针见血的话。是什么东西、用什么方式构成"耐看"与"不耐看"呢?

一幅好画必须具有自己独特的面貌来把人吸引住,继而使人在画里发现更多的东西,发现一些动人心弦的东西。就是这些奇妙的东西让人寻味、让人联想、让人沉湎在其中;这关系到色彩的运用、笔触的痕迹、形象的塑造等等能否带来虚实、节奏、冷暖对比、空间层次以及能否使画面蕴含一种或朴实浑厚、或空灵飘逸等等艺术的效果。这些都是满足有修养的眼睛所不可少的条件。否则,画就淡然无味。

写实绘画不能以形似为目的,画家必须透过物象的外形去挖掘物象的深层,只有在物象的深层里、背后里,才能寻找到艺术的实质问题。形似只是一个外壳,如果没有形上的精神,就等于没有灵魂,这个形在艺术上就没有意义,因为它没有内在的东西让人去寻味、去冥想。

也许就是中国诗中所说的"言外之意"的另一种说法。一首诗、一张画应该让读者、观众有活动的空间。所谓活动的空间,不一定指一张画所用的实际大小的空间(虽然这也有关系,一张大画无疑会引导我们在它的广阔空间内留连),而且还指一种内在的空间,好像那诗那画给了我们一道门那样,好像我们被引领到一个门口或门缘,让我们望入一个"内里",一个未曾完全呈现的世界,我们仿佛可以进出其间。你说的"耐看",是不是这样的一种情况构成的?

是,你所说的这种"活动空间",应是所有的艺术杰作都必须具备的条件,但理论归理论,在实际创作过程中,碰到的问题会比较复杂。我要强调的是一张画不能止于表面的形似或表面的快感这一基本原则。

这一种更深一层的意或意境在创作时是怎样牵制着你呢?譬如说,对于外在世界事物的选择,如城市、自然、门、窗的形象的取舍,是不是一个决定性的东西?

我觉得决定性的还是画家自己,画家的观念和感情,而不是某一事物,某一题材。不过,题材也是有关系的,画家必须善于选择最接近自己气质的题材,并以此一题材来构成和自己气质一致的绘画面貌。

七十年代初,我对门和窗有一种特殊的敏感,什么原因我也无从说起,只觉得门和窗有一种神秘感吸引着我,使我觉得其中有"东西"可寻,这就促使我画它们。后来,对其他事物譬如栅栏、叶子、人物、静物也有同样的感受时,我的绘画题材便扩大了。

我觉得,画家实际上只是借物来表现自己。只要对某一物有所感受,把感情投注入去,那物象就沾上了画家的灵性。无论山水或器皿,都均可传达画家感情,表现画家的内心世界。只是关键在于画家必须与所描绘的物象取得某种微妙的内心感应,有了这种感应,画家的气质和感情才能进入物象而使之人格化。

陈建中
构图八号——八一
1981　油画　114×146 公分

我认为在个人气质之外，还会有历史条件的左右。

当然有，艺术创作是不可能脱离历史条件的。我们处于这个时代，看事物总会带着这个时代、这个社会的价值观念和审美观念去衡量的。但作为一个艺术家最重要的还是怎样把看到的事物画出来。

事实上，你怎样去想便会影响你怎样去画，这是一而二、二而一的东西。不过，怎样去想也会出现两种情况。第一种，即是你觉得眼前的物象给你一种特别的感受，你很想画它。这和你所讲的气质有关系。在下面我们会有机会提出一些你所选择的题材的一些特点。第二种情况，是你看见一种物象，但觉得它不怎么合你的气质，它也好像没有给你很大的感动，可是就是因为这样，你反而要试试看，接受它的挑战，画画它。在这种情形下，你会把你原有的一种感受，换一个角度投入那物象里，而有了新的发现。这种情况有没有在你创作的过程中发生？

有，譬如我早期对门和窗特别敏感，因此门、窗就比较容易传达我的感情。但当我想把题材扩大时，我就注意别的景物，选择那些比较符合我的画旨的东西来画。我画的门和窗有一种宁静的气氛；画别的题材时，也同样地力求在画上表现出静来。这个静境就是我画的特点。当然，换了一种题材而又要表现同样意境时，就需要找出一个切合于此一题材的形式，如构图布局等的处理上是要下一番功夫的。

前面我说过，画家只是借物来表现自己。事实上，只要真正把感情移入对象，任何一物都可体现画家的精神。难就难在如何表现，塞尚画苹果，能在苹果里表现出他的世界；而有的人画苹果，就像教科书的插图那样乏味。这里牵及到的问题很多，包括画家的生活经验、文化背景、气质感情，以及一些潜意识的因素。你看一件事物时，自然会带着由这些因素汇成的观念去看它，就是说，你用什么观点去看它，它就变成你观念中的形象，这样和你建立了关系之后，这事物便和它原来的客观存在的有别了。因为它已沾上你的感情，有了你在里面。但是，要把它变成一张画，一张你自己的画而不是随便什么人的画，这还牵及到艺术表现的才能问题。

有时我看到一些景物，譬如一棵树，觉得很有情调，很美，也能把感情投入去。但一时还未能想到，未能把握到要怎样变成一张画，我暂时就不去画它，或者过了一段时间以后，那画在心中成熟了，我才去画。

你刚刚讲的酝酿情况，和写诗是相通的。但所谓"成熟为画"的过程，仍是经过一番选择和决定的，选择用什么表达方式才可以表出你所发现的世界。

这里让我来用一些假设的情况来试探并说明我关心的问题和我在你的画中所发现的特色。

处理一个物象，我们可以用印象派的方法来画，如果我"觉得"光线很强烈，我们会把我的主观意愿和主观感受整个投射入那物象里，把光、亮、色大大地提升，结果外象的轮廓线条不稳定，不明确，虽然外形还可以辨认。莫内很多画就是这样画的。基本上他并没有顾到物象本身客观存在的生态及形状，而以其主观感受主宰着物象——或者应该说，他只捕捉物象在他主观感受中实际的感觉。

你的画却不是这样的,虽然你也强调物象成为了你主观的一部分。你的画,在你肯定主观意愿的同时,你要保持物象作为一个存在的本样。这里牵涉到两个出发点,一是客观的"本来怎样就是怎样",这是照相写实要求达到的理想之一。你的画,一方面要保持物象的客观本样,另一方面要把你的主观投入去。换言之,你的画既是主观的又是客观的,主客随时换位,用道家的话来说便是"两行"。在这个层次上,你的画的出发点自然与印象派不同。印象派对物象本样的形状求的是近似而不是迫似客观的细节。

是的,我的画与印象派的追求是不一样的,印象派着重光、色与空气的表现;而我追求的是物象的形而上精神,而同时尊重物象的本样,但为了更准确地表现这个"本样",我把偶然性的细节去掉,只抓住必然性的东西深入刻画;为了集中表现主体而把大片墙壁或背景处理得很单纯;为了布局的需要,也会把几个不同的景物综合为一个景。我尽可能地画得集中而浓缩,以求画里的形象更接近物象的真相。我只是努力做,但画出来的画往往是不够理想的,作为一个艺术家,只要有所探求,也就不空虚了。

你的描写我完全了解。这和诗人处理一个形象很相同;我们选择一个意象,也是有增有减的。在这个层次上,文字和画就比照相机方便多了。如果我要照一条全空的街,里面要有一个独行的小孩子。诗、画,这方面很容易便办到,照相机还要等这一个境的出现。但说增说减,并不改变我们拿你的画与印象派画的对比。虽有增减,你的画基本上是肯定和尊重外物本样的,印象派所呈现的与我们肉眼所看到的有别。

关于你的增减调整,你可以说明一下你美学的取向吗?

陈建中
构图八号——八四
1984　油画　100×100 公分

我画画主要是凭直觉的，当然这直觉包括了我的审美观念、绘画修养、性格感情等等因素在内。凭着我的直觉去增减调整画面。一块色，一个形，画对画不对，和整体的关系是否协调，只能靠眼睛去感觉。觉得不自然，不顺眼，就修改或重画，直到满意为止。要从美学上去分析，我一时也说不上来。

也许让我试试看，我说的不对的地方，请你随时加以说明或补充。

看你的画，我觉得是，你对一般人不注意的日常事物，尤其是一些不太重要的事物，像破门、窗、墙壁，尤其是剥落残破的事物，用一种近乎照相那样真实的"凝注"（我特别要强调"凝注"这两个字所指示的"长时间地、沉入地凝视"），这种凝注的结果，不是没有感情的镜头，而是带有伤感、怀旧的眼睛，投注入微，使人在一瞬间的 epiphany（显现）里，进入时间的真实和过程里。

epiphany 的特色，你可以进一步说明吗？你的叙述我认为很合我的意思。

epiphany 这个字，源出于一种宗教经验，如一个人在默祷，在一种出神的虔敬时，看到耶稣的显现。这个字后来小说家乔伊斯借用来说明一种小说技巧，使得平常不注意的东西，突然带着一种生命与灵魂的个性，从其他的事物跳现出来，使我们觉察。

谢谢你提供这个字，我确有这样的经验。

你画中的门、窗、破墙在一瞬间显现了它们作为一种存在的真实时间和过程。你好比抓住了一种"印迹"。"印迹"这个字亦是颇特别的。"印迹"就是时间递变的留痕。痕就是一个疤。是一段递变历史的记号。

杜布菲在一篇《印痕》的文章里说,我们有时在沙滩上看到脚印,我们首先会知道有人曾经在这里走过,继而促我们去想是什么人在什么情形之下走过。我们或者看到一块石头,上面一线线经过了多少世纪海浪磨洗,或者石头的裂痕,或者是高山上水浸的留线……都是时间递变的印迹。虽然我们看来是不动不变的东西,实在是一个生命过程留下来的印迹。我觉得你在选择这些事物时,能含孕着浓厚的诗意,其中一个主要的因素便是由于它们是上述那种印迹之故。

"印迹"真是很能触动人的情绪的,它引起人们的回忆、怀旧。引起人们对古往今来的事物变迁的唏嘘感叹,我在门上、墙上和其他事物上常画上一些锈痕、水渍,就含有这个意思。

我喜欢杜布菲早期的画,那些画上满是印痕兽迹,像洪荒世界般的粗野、原始。你刚才解说他的"印痕"时,有没有掺进你自己的观点。

是他的和我的互相印证而来。我觉得你的画不能用法文的静物画 nature morte (死的自然)来描写,因为你所画的,是不断变易中的静。这合乎易经中一切在不断变易的自然之理。我们肉眼虽然看不见,门、窗、桌子是每分钟都在剥落、变化,只是变化过程很慢,我们没有注意到而已。

照你这样说,如果要了解物变的真实状况,我们必须要慢下来了。

陈建中
构图十三号——八四
1984　油画　146×114 公分

我说的"凝注"就是含有这个意思，我们把整个人的旋律慢下来，才觉得可以沉入物象里，进入物变的过程中。而当你放慢及沉入物变时，你便进入一种出神的冥思状态，进入一种抒情的境界里。这是你画中的一种特有的引力。

经你这样分析，就把问题说得很明白了，也帮我解释了观察物象的情况。我到底是一个画家，不善于整理自己的观念。我平时观察事物，譬如一门、一窗、一个杯子，很少以实用的眼光去看，不把门、窗只看成是一个进出口，不把杯子只看成是盛茶器。而是觉得在门里、窗里有一种活动在里头，有一种神秘感。一个杯子也不只是一个工具，它有自己独立的、完整的存在；这种存在与一个人或宇宙间其他的存在的意义是相等的。我是把物象提升到一个具有生命的层次来看的。当我这样想时，就越发感觉它们具有一种孤独而庄严的气派，甚至令人生起敬意。由于受感动而画它们，以求表现出它们存在的那种寂静、孤独和庄严的以及稍带悲剧性的气氛，有时我想，人生也就是如此。

这是很显著的，我刚才的讲法也包括了一部分你的意思。生、老、病、死是一种继起的递变。但我们很多时候，只讲动、植物的变化，很少注意到其他的事物，也跟我们一样，经过同样的变化的过程。我们中国人常常说"悲天悯人"，我们很少讲"悲天悯物"。在这个层次上，你是接近道家的"齐物"和"化"的观念的。你在表现上特出的，就是我刚刚说你和印象派不同的地方。你虽然主观地投入，可是你保持了物象客观的本来面目，是对它本身存在的尊重。

是的，我尊重它们的存在。我觉得它们的存在很庄严，很令人肃然起敬。

我们讲印象派画中的主观色彩时，也可以跟个人主义联起来讲。可是在你的情

陈建中
构图十三
1974-75 油画 116×89 公分

形，由于你尊重物象，觉得它是一个独立的存在，是个庄严的东西，你虽然有主观投入，却没有个人主义的色彩。

我懂你的意思，你对中国美学素有研究，你认为这是东方文学美学的特色吗？

在传统中国美学中这是重要的一层。

我前头提到慢下来沉入事物里这个取向，也许会影响你画画的方法。这与你整个的接受、观察都有关系。所以你花很多时间去看事物，不是把一下子的感觉抓住便算，仿佛在里面遨游了一段时间才出来。这跟传统山水画家去看山水也相似。山水画家在山上遨游数月，让整个感觉沉入心里才作画。看你的画，觉得里面有很大的"耐心"，好像一切要慢慢地生长、形成。这点和罗斯柯的情形也相似，虽然他画的是抽象画。我现在讲的是气质和方法。他的画给人的感觉是"一瞬间"（本是很快速的现象）的扩大（延长、缓慢下来），让我们进入那（仿佛是空间化的）一瞬里来来回回慢慢地走。画面是空间的延展，感觉是时间的缓慢。你的画要求观者马上静下来、慢下来，甚至停下来，在画象里行而复止、止而复行地看。

罗斯柯画面奇妙的色块和那颤动的空间，构织成一个神秘的氛围，极具感染力。在抽象画家中，我向他吸收得最多。我早期的画面往往由几块色构成，形式很接近抽象，除了几片叶子或门窗的形象之外，我的画在结构上很有罗斯柯的回响。我虽然是画写实画的，但有不少人说我的画是"一种"抽象画。

我看他们是受了构成主义的影响而发。我指的是蒙德里安所说的话：他说一切事物看久了不是方便是圆，他虽然把这套说法加上了柏拉图的架构，但反映在他的画中，便是一片片方块的色泽。他们也许是从那个角度去看你门、窗、墙的方块关系。

我的看法有些不同，所以我想问你一些构图上你思考的方向。

我看到你大部分的画，往往是由一块很大的色块(如一面墙)和一块略小的事物(如一个人影、一条爬藤)所构成，而两样事物往往具有相反取向的性质。而较小的事物，却又潜藏着比大的事物更大发展的力量。以在香港展出那张画为例。一面是受时间慢慢剥落的墙壁，另一面是小小的一叶爬藤，几乎不为人注意，可是它慢慢地生长，会重占在自然里曾经失去的时间。这个布局正好发挥了"印迹"所含的递变、变易的题旨与感受。你这样的构图，有没有特别的思考，有意的、无意的？

我得从早年的训练说起，好让你了解我画风形成的过程。五十年代在广州美术学院学画时，接受的是苏俄那套绘画教学法，这套教学法有它的优点和缺点，优点是基础训练十分严格，这使得我在学生时代就掌握了很好的绘画技巧；缺点是观察事物的方法太唯物主义，而艺术却并不是那么唯物的东西，因此没能引导我从纯习作的练习进入到艺术的探求。

到了巴黎之后，艺术的探求才逐渐进入状况，才真正找到属于自己的表现形式，如你所知，我的画往往是在大片墙壁上有一扇门或窗，或几片攀藤叶子等较小的事物。由于我着重较小事物的塑造，把一些妨碍它"个性"的细节删除，强调其中必然的特征以求更接近物象的本质。换句话说，就是把它浓缩而使它生出一种膨胀的力量。它周围的大色块是给这小的主体提供一个膨胀的场地，一个可以舒畅呼吸的空间，也构成了画面松与紧的节奏感。因为自信能把略小的事物作较深入的描绘，使它蕴含一种力量，我才采用这样的构图布局。如果没有早年的技巧上的磨练，我是不可能采取这种表现形式的。

在你早年的训练里面，有没有讨论到"取面"？亦即是画面角度远近大小的取舍，每一个取面的效果都不一样。这当然亦是结构的问题。正如摄影时考虑天空占全画面几分之一，考虑避免天地从画面中间二分，考虑避免双数人物的排列等等。你可以谈谈你训练中这方面的情况吗？

有的，研究构图学的书有，研究古今（止于印象派）艺术杰作的书籍也很多。多是从苏俄翻译过来的，对艺术学生来说，这是很重要的基础知识；但是由于是教条式的理解，知识反而变成一种束缚，囿于范本（古典名画或苏俄画）的形式。一考虑画的构图（即你说的取面）脑子里马上出现范本里的布局形式，用那些布局来套入自己的画面，因此大家都在因袭模仿前人的画面而毫无自觉。但即使是这样的套法，也只能套入情节性的人物创作，或传统式的风景和静物。当我接触到现代艺术时，范本上的传统形式就无法套入，一时无所适从，经过很长时间的努力，我才挣脱这传统的束缚。

现在回想起来，以前对传统绘画的研究、构图、色彩等知识是很有用的，只要摒除具体的图样公式，而把其中的一些法则规律抽取出来，就可以用在现代画上，并以这些法则来建立自己的绘画形式，譬如虚实、聚散、冷暖、动静、节奏韵律、空间层次等等关系，都有其一定的互相依存的秩序和法则，无论古典画、现代画、写实画和抽象画都不外是运用这些法则原理来构成画面的。

陈建中
背
1981　铅笔素描　65×50 公分

也许你可以回顾一下你过去画画的布局，最大的倾向是什么？要做到什么效果？作了何种美学上的考虑？

学生时代，我的画就已有宁静感，但那时候不懂得要把这种特点抓住来发展。到了巴黎后，经过多方面的摸索和尝试，才意识到向静穆境界发展才符合我的性情气质，而且要走写实的路才能发挥我的长处。于是，以写实来表现静穆意境这个观念就很明确了，再不像以往那样盲目地东摸西碰，老是浮游在表层上而不能往深处挖掘。现在一旦明确，一切绘画手段都为了使画面达到宁静的效果而作。开始是凭直觉来涂改画面，觉得那些东西在画面上妨碍了宁静，就把它抹去，这样我的画就愈来愈单纯简洁。只觉得单纯的大块色比较安静，也能突出小块的主体，而把两块或三块色平行或垂直地排列较易造成稳定和严肃的效果。门和窗都是直线的，方形的，颜色比墙深，在浅色的墙壁上出现一个黑洞（窗），洞里的世界是诱人联想的，门也如此，但画门的时候，我常把门的上下切去，这么一来，画面就分割成三块垂直的颜色，中间是深色的门，两边是浅色的墙，乍一看，好似一幅三块颜色并排的抽象画，再看才发现是一扇门——可以通往里面世界的门。画攀藤叶子也是在大片墙上出现几点绿色，另有一些的构图是平行分割画面，深色叶子在画的上方或下方，总是占较小的面积。这样的布局有助于静感和神秘感的表现。有了经验之后，处理画面的主观性就加强了，对景物的取舍、构图及色调的处理都更果敢地按自己的需要而自由运用，画面也愈趋简练，有时甚至只有几块单纯的颜色，这样发展下去，很有可能走向硬边艺术的倾向。但我觉得自己应该走写实的路，于是又转回来画一些稍为复杂的景物，譬如攀藤植物和堆积的木头等，手法仍是力求单纯简朴，表现自然景物中的静穆和神秘。

陈建中
坐着的女人
1981　50×65 公分

你这里说的简单化,或简朴化,想必与你开头说喜欢的陶渊明、王维的境界有关。

在画画的时候,倒没想到这些问题,但他们诗中的简朴自然,含蓄深远,对我确实有很大的启示。

即道家的所谓朴拙、简单。我记得那本海外中国画家专册上有人介绍你时说你有宋代山水意味,但又说不出一个道理来。但我们看久了,作了一些时间的冥思,应该领略到我所说的这一点。简单中有丰富性,空而能灵。我想你的画里确是如此。我现在想进一步问你有关静物画的问题。同样的静物,别人选择水果花束,你选择门窗。这当然与气质有关。但我觉得,你所选择的东西,往往从 ruptures(中断、决裂)出发,如利用残破,利用裂缝,利用缺口。画一束花,虽然可以利用光、色把生命透出来;但这里的生命,比不上从残破、中断的事物中透放出来的生命来得浓烈。你近来转入风景画,不知在这个层次上作了怎样的调整。

我画画的时候只是全神贯注地画画,竭力把我所感觉到的东西画出来,在眼中、在心里都只有画,很少去想什么哲理上的问题。

我的取景及描绘都只为物象的形和色所吸引,觉得美,觉得其中有一个世界,有东西可寻,于是我就画。门、窗如此,墙、叶子或裂痕破洞也是如此,并没有想到利用它们来象征什么。如果别人从我画里看到什么寓意,也有可能的,但却不是我着意追求的。

陈建中
锁
1980　素描　50×65 公分

陈建中
构图十二号——八一
1981　油画　114×162 公分

从一九八四年起我就画友人乡间的景色。那地方真美,早在八〇年我已画了几幅粉画风景,那时只作一种尝试,还未找到很切合的表现方式,就停了一个时期,直到近两年才有画风景的强烈欲望。观察风景也和我观察门、窗一样,感到其存在的壮丽和神秘,觉得里面潜藏着某种东西等待发掘,我在风景画里寻求的也仍然是我画中一贯的静穆意境。

这些画之前,画的对象很多是被弃的、不被注意的日常事物,你仿佛要把这些带有某种"中断"的悲怆意味抓住。你对"中断"所包含的悲怆意味的东西加以深久的凝注,所以能特别投入那一瞬的显现里。

但风景画,虽然也有传统山水诗、山水画的感受去支持我们投入其中,但还是不一样的。风景,一般来讲,易于看见生命的活跃和延续,而不易看见残破,除非你特别选择残破和突然中断的感受的景物,或用表现主义的方式,把一种带着强烈主观情感的色线去画及扭曲景物。但以你一贯保持外物客观本样的方式去画,怎样才能够使得你的风景传达你以前门窗那种孤寂、庄严的情感呢?

这关系到一个新的表现方法的问题,我也仍在摸索中,以后的发展是无法预知的,但我可以告诉你,无论画什么题材,我都会在画中追求静穆的境界。至于此一境界如何在风景画里传达,由于我画的风景画还不多,没有多少经验可以谈,还是留待以后再说吧。

对,那么我们就留待以后再谈这几张新画吧。